essentials

*essentials* liefern aktuelles Wissen in konzentrierter Form. Die Essenz dessen, worauf es als „State-of-the-Art" in der gegenwärtigen Fachdiskussion oder in der Praxis ankommt. *essentials* informieren schnell, unkompliziert und verständlich

- als Einführung in ein aktuelles Thema aus Ihrem Fachgebiet
- als Einstieg in ein für Sie noch unbekanntes Themenfeld
- als Einblick, um zum Thema mitreden zu können

Die Bücher in elektronischer und gedruckter Form bringen das Fachwissen von Springerautor*innen kompakt zur Darstellung. Sie sind besonders für die Nutzung als eBook auf Tablet-PCs, eBook-Readern und Smartphones geeignet. *essentials* sind Wissensbausteine aus den Wirtschafts-, Sozial- und Geisteswissenschaften, aus Technik und Naturwissenschaften sowie aus Medizin, Psychologie und Gesundheitsberufen. Von renommierten Autor*innen aller Springer-Verlagsmarken.

Marcus Schweighart

# High Quality Connections in der Arbeitswelt

## Mit positiver Kommunikation High Performance erreichen

Marcus Schweighart
Ellerau, Deutschland

ISSN 2197-6708 ISSN 2197-6716 (electronic)
essentials
ISBN 978-3-658-43360-4 ISBN 978-3-658-43361-1 (eBook)
https://doi.org/10.1007/978-3-658-43361-1

Die Deutsche Nationalbibliothek verzeichnet diese Publikation in der Deutschen Nationalbibliografie; detaillierte bibliografische Daten sind im Internet über http://dnb.d-nb.de abrufbar.



Planung/Lektorat: Stefanie Winter
Springer Gabler ist ein Imprint der eingetragenen Gesellschaft Springer Fachmedien Wiesbaden GmbH und ist ein Teil von Springer Nature.
Die Anschrift der Gesellschaft ist: Abraham-Lincoln-Str. 46, 65189 Wiesbaden, Germany

Das Papier dieses Produkts ist recyclebar.

# Was Sie in diesem *essential* finden können

- Was High Quality Connections sind und in Teams und Organisationen bewirken können
- Was die Wissenschaft der Positiven Psychologie über Merkmale und Strategien für positive Beziehungen herausgefunden hat
- Welche psychologischen Konstrukte die Basis für positive Kommunikation bilden
- Welche Werkzeuge Sie in der Praxis als Mitarbeiter oder Chefin mit Ihrem Team ausprobieren können, um positive Interaktionen zu fördern
- Wie Sie in Organisationen in den Bereichen Führung, Kultur, Rollen, Rituale und Incentives den Rahmen schaffen, damit Verbundenheit entsteht und daraus exzellente Teamperformance erwachsen kann

# Inhaltsverzeichnis

# Einleitung 1

Sie möchten wissen, wie Sie echte Begegnungen voller Wertschätzung und gegenseitiger Anerkennung ermöglichen können? Insbesondere in Zeiten, in denen durch Arbeitsverdichtung Entgrenzung der Lebensbereiche und räumlich verteilten Arbeitens die Kapazitäten für Momente der Begegnung überall zu schwinden scheinen? Dabei ist Ihnen klar, dass nur aus Verbundenheit exzellente Kooperation erwachsen kann. Bindung an den Arbeitgeber und herausragende Leistungen basieren auf der Qualität der Kommunikation und Beziehungen. Der Psychologe Christopher Peterson hat es auf den Punkt gebracht: „Other people matter". Es beginnt mit den vielen kleinen Interaktionen, die wir im Arbeitsalltag erleben. Für Verbundenheit, Begegnung, Kooperation, Erfolg und eine Arbeitszeit, die lebenswert ist. Die Positive Psychologie hat zum Thema der Positiven Interaktionen eine wissenschaftliche Unterfütterung sowie praxistaugliche Werkzeuge anzubieten. Kompakt, auf den Punkt und mit allem Wissenswerten und Praxisrelevanten in diesem essential. Dazu stelle ich Ihnen zunächst das Konzept der High Quality Connections vor, gehe auf Strukturmerkmale solcher Verbindungen ein und beschreibe den Nutzen konkreter. So werden Sie in die Lage versetzt, positive Interaktionen zu identifizieren. In Kap. 3 erfahren Sie mehr über die psychologischen Grundlagen wie die Bedeutsamkeit von Emotionen und der emotionalen Traglast von Beziehungen sowie weitere psychologische Konstrukte von Relevanz. In Kap. 4 behandle ich umfassend die Hebel mit denen Sie hochqualitative Verbindungen hervorrufen können. Kap. 5 behandelt in welchen Bereichen der organisationalen Realität sie ansetzen können, um systematisch vorzugehen. Kap. 6 macht Sie mit praxistauglichen Werkzeugen für Ihre Organisation vertraut, bevor wir in Kap. 7 einen abschließenden Blick über den Tellerrand wagen.



M. Schweighart, *High Quality Connections in der Arbeitswelt*, essentials,
https://doi.org/10.1007/978-3-658-43361-1_1

# 2 Was sind High Quality Connections?

Besuchen Sie manchmal große Veranstaltungen wie Tagungen oder Kongresse, Messen, Turniere, Sportereignisse, bei denen viele Menschen mit ähnlichen Interessen zusammenkommen? Stellen Sie sich vor, Sie besuchen einen Fachkongress zu Ihrem Lieblingsthema und sind schon gespannt, was in der Eröffnungsrede thematisiert wird, danach begegnen Sie am Kaffeestand zufällig einer anderen Kongressbesucherin und kommen in das Gespräch über die eben gehörte Rede, erfahren etwas über neue Erkenntnisse auf dem Fachgebiet, geraten in einen spannenden kollegialen Austausch und führen ein angeregtes Gespräch. Solche Momente können High Quality Connections sein. In meinen Trainings zu diesem Thema beginne ich diese Sequenz immer mit der folgenden Frage: Denken Sie einmal an eine besonders positive Interaktion in den letzten drei Wochen! Was hat dieses Gespräch besonders gemacht? Wie ging es Ihnen dabei? Worum ging es thematisch? Wer war der Gesprächspartner? Auch wenn wir High Quality Connections noch nicht definiert haben, so stelle ich oft fest, dass wir ein intuitives Gefühl dafür haben, was hochqualitative Verbindungen ausmacht. Das ist hilfreich, weil es somit leichter wird unseren inneren Kompass so auszurichten, dass wir mehr positive Interaktionen in der Zukunft aufsuchen können. Doch wozu dann dieses Buch? Über das „Wozu" von High Quality Connections (HQC) sprechen wir noch. Doch dieses Buch wird Sie in die Lage versetzen, das Zustandekommen und die Psychologie dieser Interaktionen besser zu verstehen – und für die Praktiker viel wichtiger: Wir werden gemeinsam die Hebel, mit denen Sie die Qualität Ihrer Gespräche erhöhen können, systematisch betrachten und Ihnen somit Handwerkszeug verschaffen, das Ihnen hilft, mit positiverer Kommunikation exzellente Leistungen im Team hervorzubringen.


M. Schweighart, *High Quality Connections in der Arbeitswelt*, essentials,
https://doi.org/10.1007/978-3-658-43361-1_2

High Quality Connections sind gekennzeichnet durch die 3 „R“: Relevanz, denn ein Gespräch von dieser Qualität hat für beide eine hohe Bedeutung; beide sind mit einem unmittelbaren Interesse dabei, beide entwickeln sich vielleicht sogar weiter und finden das Gespräch bereichernd. Das zweite R steht für Resonanz, eben genau dieses miteinander schwingen und miteinander ein Gespräch weiterentwickeln, das entsteht, wenn man ganz beim anderen ist, wenn er spricht. Das dritte R: „Rhythmus“, denn aus Interesse, aus Aufmerksamkeit, aus Verbundenheit entsteht eben auch so eine positive physiologische Erregung, ein neuer Rhythmus, der dazu führt, dass wir zuhören, dass wir uns vitaler fühlen und dass wir ein Gefühl von gegenseitiger positiver Anerkennung entwickeln.

Der Wunsch nach positiven Arbeitsbeziehungen beschreibt natürlich ein Stück weit eine Utopie. Es ist eine normative Setzung, dass qualitativ hochwertige zwischenmenschliche Interaktionen erstrebenswert sind und in die Arbeitswelt von heute und morgen gehören. Dazu werden wir noch gute Argumente aus der aktuellen psychologischen Forschung diskutieren.

## 2.1 Definition

Eine konkrete Definition für HQC lautet wie folgt (Dutton, Heaphy, 2011):

„Bei High Quality Connections handelt es sich um kurzfristige positive Interaktionen, die für die Beteiligten eine positive Erfahrung sind. Diese Interaktionsqualität können wir bereits in kurzen Gesprächen erreichen aber damit langfristig sehr positive Auswirkungen hervorrufen.“

Hochqualitative Verbindungen sind durch drei strukturelle Qualitätsmerkmale gekennzeichnet, die sich aus der eigenen Erfahrung heraus gut nachvollziehen lassen: Diese Merkmale sind emotionale Tragfähigkeit, Dehnbarkeit und Reaktivität. Die „Emotional Carrying Capacity“ oder auf Deutsch die emotionale Tragfähigkeit von Beziehungen betrachten wir in einem späteren Abschnitt noch genauer. Kurz gesagt geht es darum, wieviel Raum Emotionen in der Interaktion eingeräumt bekommen. Das zweite strukturelle Merkmal ist die Dehnbarkeit von Beziehungen. Sie beschreibt die Fähigkeit Belastungen Stand zu halten. Ehrliche feste Verbindungen halten es aus, wenn es einen Dissenz gibt oder der eine den anderen unbeabsichtigt vor den Kopf stößt. Die dritte Fähigkeit oder strukturelle Komponente ist die Reaktivität, das heißt die Offenheit für Ideen und die gegenseitige Einflussnahme. Ist diese gegeben, entstehen aus Dialogen immer wieder neue bereichernde Gedanken bei beiden Gesprächspartnern oder sie lassen sich von den Argumenten des anderen überzeugen und setzen sich neugierig mit andersartigen Meinungen auseinander.

Emotionale Tragfähigkeit, Belastbarkeit und Reaktivität – diese drei Merkmale kennzeichnen echte High Quality Connections, die positive Auswirkungen haben und zu Verbundenheit, Weiterentwicklung und Kreativität führen können.

HQC sind ein wesentlicher Faktor bei der Entstehung und Pflege von positiven Beziehungen bei der Arbeit. Positive Arbeitsbeziehungen sind mindestens dadurch gekennzeichnet, dass zwei Menschen aufeinander eingehen und Rücksicht nehmen. Beziehungen sind stets von vergangenen Interaktionen beeinflusst und wirken sich auf zukünftige Interaktionen aus. Die Beziehungsqualität lässt sich manchmal nur anhand der Ergebnisse, die die Interaktionen hervorbringen, beschreiben. Der Begriff der „positiven" Beziehungen oder Interaktionen meint im Sinne der Positiven Psychologie dabei, dass die Interaktionen zu wiederholt erlebter Verbundenheit führen, die im weitesten Sinne für beide Personen angenehm und vorteilhaft sind. Als breites Verständnis von „vorteilhaft" können wir jede Form von positiven Emotionen und positiven Ergebnissen betrachten. Etwa, indem sie der Einzelperson ermöglichen sich in ihre Arbeit zu vertiefen oder sich mit ihr zu identifizieren. Dies kann geschehen, in dem sie die zwischenmenschlichen Bedürfnisse des Einzelnen erfüllen oder Raum geben, für Echtheit, Präsenz, emotionalen und intellektuellen Austausch bei der Arbeit. Für andere Autoren wie Ryan W. Quinn steht das Energielevel als konstituierendes Merkmal im Vordergrund. Positive Energie ist somit zwar keine hinreichende, aber eine notwendige Bedingung von positiven Beziehungen. Hilfreich ist die Definition, die zeitgleich als Bewertungsmaßstab dienen kann, von Joye K. Fletcher („gegenseitiges Wachsen in Verbundenheit"), nach der positive Beziehungen die fünf guten Dinge beinhalten:

1. Begeisterung und Enthusiasmus
2. Befähigung, Ermächtigung
3. Gefühl von Anerkennung,
4. neues Wissen und
5. Wunsch nach weiteren Begegnungen

Ein wichtiges Merkmal in der Definition von HQC ist, dass anders als bei manchen Definitionen positiver Beziehungen auf die Notwendigkeit einer gemeinsamen Geschichte und Vergangenheit verzichtet wird. Mit anderen Worten, positive Interaktionen kann es im Hier und Jetzt geben ohne das Gestern und Morgen. Aber Sie können zu einem wertvollen Gestern von einem positiven Morgen werden. Klar, oder?

## 2.2 Die Matrix positiver Interaktionen – kurz MPI

Wie steht es um Ihre Erfahrungen mit positiven Interaktionen und Ihre Zufriedenheit mit positiven Interaktionen in der letzten Zeit? Auch wenn das Konzept der HQC sich auf die Arbeitswelt bezieht, schadet es nicht, auch in anderen Kontexten wie Familie, Freunde, Hobby oder Vereinsleben danach zu streben. Machen Sie doch eine Bestandsaufnahme. Mit der MPI, die in Abb. 2.1 dargestellt wird, können Sie sich schnell einen Überblick verschaffen: Sammeln Sie in der ersten Spalte Personen, denen Sie begegnen und orientieren Sie sich dabei an den oben genannten Kontexten. Überlegen Sie sich dann, welche Aspekte positiver Interaktionen nach Fletcher Sie bei Begegnungen mit dieser Person besonders schätzen. Abschließend können Sie ein Fazit ziehen (–;-;0; + ; + + ). Wenn Sie dabei nicht nur ihre vermeintlichen Lieblingsmenschen und Energiespender notiert haben, sondern auch Menschen, denen Sie sich noch nicht so nahe fühlen, bietet dies Raum für Erkenntnisse: Auch bei Menschen mit denen wir eher lose verbunden sind oder HQC noch nicht erlebt haben, lassen sich möglicherweise einzelne der aufgeführten Kriterien identifizieren – oder in Zukunft leicht herstellen, wenn Sie Ihren Fokus darauf richten. Probieren Sie es aus!

## 2.3 Wozu High Quality Connections – für Einzelne, Teams, Organisationen: Studienergebnisse und Forschung der Positiven Psychologie zu High Quality Connections (HQC)

Beziehungen haben eine zentrale Bedeutung in unserem Leben. Im Organisationskontext werden sie aber viel zu oft im Sinne der Theorie des sozialen Austauschs betrachtet; als Mittel zum Zweck, transaktional, nach Nützlichkeit und Beitrag zum eigenen Fortkommen bewertet. Diese Perspektive sieht die Beziehungsqualität eher als nützliche Ressource für Teams und Organisationen, die die Produktivität erhöhen. Dabei haben Beziehungen nicht nur die Macht unser Erleben und Verhalten positiv zu beeinflussen, sondern auch die Qualität und Quantität der Ergebnisse in Teams und Organisationen zu transformieren. Ein (Führungs-)Paradigma, das dies anerkennt, wird nicht nur den Anforderungen an moderne Arbeitsplätze, wie sie von Menschen in post-pandemischen Zeiten gestellt werden, gerecht, sondern leistet einen Beitrag dazu Arbeit noch lebenswerter zu machen.

Unsere Arbeit spielt eine große Rolle bei der Befriedigung materieller Bedürfnisse. Sie kann uns auch helfen unsere Fähigkeiten und Stärken zu nutzen und

| | Begeisterung und Enthusiasmus | Befähigung, Ermächtigung | Gefühl von Anerkennung | neues Wissen | Wunsch nach weiteren Begegnungen | Fazit |
|---|---|---|---|---|---|---|
| Beruf | | | | | | |
| *Bsp. Moni* | | *x* | *x* | *?* | *!* | *+* |
| | | | | | | |
| | | | | | | |
| Familie | | | | | | |
| | | | | | | |
| | | | | | | |
| Hobby | | | | | | |
| | | | | | | |
| | | | | | | |
| | | | | | | |
| Verein | | | | | | |
| | | | | | | |
| | | | | | | |
| | | | | | | |
| Alltags-begegnungen und lose Bekanntschaften | | | | | | |
| | | | | | | |
| | | | | | | |
| | | | | | | |

**Abb. 2.1** Abbildung des Autors MPI – Matrix positiver Interaktionen

weiterzuentwickeln, Sinnhaftigkeit zu erleben und sie kann ein Forum für Beziehungen sein. Da die Arbeit das Potenzial hat einen solchen Beitrag zu unserem Leben zu leisten, ist es wichtig, dass wir die Möglichkeiten ausschöpfen, sie gut zu strukturieren. Die Verantwortung dafür liegt beim Einzelnen, aber auch bei Managern und Organisationen. Der Arbeitsplatz kann so strukturiert sein, dass er dem Wohlbefinden förderlich ist, aber auch so, dass er es behindert.

Bei der Betrachtung von Beziehungen und Interaktionen niedriger Qualität einerseits und von im positiven Sinne abweichender Beschaffenheit andererseits gibt es einige interessante Befunde aus der Forschung der Positiven Psychologie. Einige Forschungsergebnisse zu den Auswirkungen von hochqualitativen Arbeitsbeziehungen:

- bessere psychische Gesundheit und größere physiologische Ressourcen,
- bessere Denkfähigkeit und Kreativität,
- ein höheres Maß an Vertrauen und Zusammenarbeit,
- große Lernfähigkeit,
- gestärkte Belastbarkeit und verstärktes Engagement für die Organisation,
- bessere Koordination und Präzision auf Teamebene oder
- erhöhte Anpassungsfähigkeit und Belastbarkeit.

Eine Studie aus 2023 des Human Flourishing Programs der Harvard-Universität legt nahe, dass die Erzeugung eines fürsorglichen Arbeitsklimas, das auf Respekt und Vertrauen setzt, sowohl das Wohlbefinden der Arbeitnehmerinnen als auch die Arbeitsergebnisse (Engagement, Zufriedenheit, Produktivität, weniger Ablenkung) beeinflussen. Darüber hinaus stützen die folgenden Annahmen, die Relevanz des Themas:

- Menschen sind soziale Wesen und haben ein Zugehörigkeitsbedürfnis, dem wir auch in Organisationen und in der Arbeitswelt generell gerecht werden müssen.
- Verbindungen sind dynamisch und verändern sich, wenn einzelne ihr Denken, ihr Fühlen und ihr Verhalten im sozialen Kontext anpassen.
- Arbeit in Organisationen beruht auf sozialen Prozessen. Verbindungen haben Einfluss auf die Zielerreichung, auf die Weiterentwicklung von Ideen und auf Innovationspotential.
- Es gibt einiges an Forschung, die belegt, dass der Ausdruck von Emotionen wichtig ist für gesunde Beziehungen und dass der Ausdruck von Emotionen auch bessere Möglichkeiten gibt, um auf schwierige Situationen reagieren zu können und somit das Wohlbefinden von Menschen beeinflusst.

## 2.4 Ein Konzept mit Parallelen: Mikromomente

Ein Konzept, das ein ähnliches Verständnis von der Wirkung positiver Interaktionen hat und sogar beschreibt, wie positive Resonanz ein Miteinanderschwingen auf neuronaler und hormoneller Ebene bewirken kann, ist das Konzept der

Mikromomente der Verbundenheit: Die Wirkung positiver Emotionen wurde maßgeblich von der Psychologin Barbara Fredrickson in ihrer Broaden-And-Built-Theorie beschrieben (siehe Kap. 3). Wenn wir positive Emotionen erleben, stellen wir unseren Wahrnehmungsfokus eher wieder auf Weitwinkel, was auch dazu führt, dass wir die Perspektive anderer leichter miteinbeziehen können. So entsteht, was Fredrickson Mikromomente der Verbundenheit (Liebe) nennt, wenn im direkten zwischenmenschlichen Kontakt kurzzeitig mehr positive Emotionen und mehr gegenseitiges Interesse erlebt werden. Diese Mikromomente schlagen sich in gesteigerter Resonanz unter Gesprächspartnern wieder; es zeigt sich Synchronizität in Gestik, Mimik und Bewegungen. Gefühlte Sicherheit und Verbindung sowie realer (Blick-, Körper-) und stimmlicher Kontakt können dieses „auf einer Wellenlänge schwingen" hervorrufen. Wenn auf diese Weise positive Resonanz entsteht, dann erleben wir also eine High Quality Connection, die in der Aufwärtsspirale positiver Emotionen viele Vorteile mit sich bringt.

## 2.5 Abgrenzung

Dieses Buch beschreibt ausführlich das Konzept der High Quality Connections und daran angelehnte Forschung und Praxis für Mitarbeitende und Führungskräfte in Organisationen. Einiges davon ist auch über den Arbeitskontext hinaus nützlich und manchmal erwachsen aus positiven Interaktionen auch Beziehungen. Hier geht es um das Gestalten von positiven Interaktionen in dem jeweiligen Moment und nicht um die Erfolgsfaktoren für die Pflege und Aufrechterhaltung langfristiger (Paar-)Beziehungen.

Wir beschäftigen uns auch nicht mit den interindividuellen Unterschieden in der Art und Weise wie wir Beziehungen gestalten oder wie wir kommunizieren. Außerdem sei hier angemerkt, dass ich Möglichkeiten für Einzelpersonen aufzeige und dabei die Idee verfolge, dass die Übertragung dieses Verhaltens in das eigene Arbeits- und Führungshandeln positive Auswirkungen auf Arbeitsergebnisse und die Organisation hat. Es findet aber kein Blick auf die Strukturen, auf das System der Organisation statt. Aus organisationspsychologischer Sicht sollten Strukturen und Prozesse, das Wissen und die tägliche Praxis, auch Aspekte der vorhandenen und gelebten Kultur immer mit betrachtet werden, um zu prüfen, welche Verhaltensweisen im Kontext der jeweiligen Organisation besonders vielversprechend sind.

# 3 Emotionen

In der Psychologie werden Emotionen als Informationsträger betrachtet, die unser Handeln motivieren, unseren Körper auf Reaktionen vorbereiten und unsere Selbstwahrnehmung beeinflussen können. Negative und positive Emotionen unterscheiden sich in ihrer Wirkung voneinander und spielen in Interaktionen eine wichtige Rolle. Damit wir uns den Unterschieden annähern, hier eine Aufgabe:

Blicken Sie auf einen Moment der letzten Wochen zurück, in dem Sie sich erschreckt haben, geärgert haben, wütend wurden, ängstlich waren oder eine andere negative Emotion erlebt haben. Ein Beinahe-Unfall im Straßenverkehr, ein Streitgespräch mit dem Partner, eine harsche Kritik eines unsympathischen Kollegen. Was bewirken negative Emotionen grundsätzlich bei Ihnen? Was ist die typische Verhaltenstendenz? Was sind die Folgen?

Negative Emotionen verengen unseren Fokus, diese Emotionen bereiten uns auf Kampf, Flucht oder Starre vor. In der Regel wollen wir solche Situationen meiden oder wenigstens entkommen. Es gibt eher eine wWeg-von-Tendenz.

Denken Sie nun an eine Situation voller positiver Emotionen in den letzten Wochen. Vielleicht die Freude über eine nette Geste, die geteilte Freude über ein erfolgreich abgeschlossenes Projekt oder ein schöner Moment mit dem eigenen Kind oder dem Partner, der Partnerin. Was sind hier die Konsequenzen dieser positiven Emotionen und was sind die Folgen?

Die Wirkung positiver Emotionen war in der Psychologie lange Jahre wenig erforscht Eine der bekanntesten Forscherinnen auf diesem Gebiet ist Barbara Fredrickson, die die Macht der guten Gefühle genauer beleuchtet hat. Positive Emotionen lösen tendenziell eher eine Hinzu-Bewegung aus, ein Mehr-davon, ein wohliges Gefühl und; sie erweitern unseren Fokus.



M. Schweighart, *High Quality Connections in der Arbeitswelt*, essentials,
https://doi.org/10.1007/978-3-658-43361-1_3

Was sind positive Emotionen von der Stärke her? Im Alltag sind sie meist etwas flüchtiger, nicht ganz so euphorisch und ekstatisch, während negative Emotionen meist vordergründiger wahrnehmbar sind. Was das heißt? Wir erschrecken uns mehr über den Säbelzahntiger als wir uns über das Gänseblümchen am Wegesrand freuen.

Doch die Forschung von Barbara Fredrickson hat uns gelehrt, wie wichtig positive Emotionen sind, um uns weiterzuentwickeln. Sie stellte die bekannte Broaden and Build Theorie vor. Positive Emotionen erweitern zunächst einmal unseren Fokus; wir können mehr wahrnehmen und die Sinne schärfen. Das ist der Broaden-Aspekt. Durch diese gesteigerte Offenheit entsteht die Möglichkeit zugänglicher zu sein, offener auf Dinge und andere Menschen zuzugehen. Daraus entsteht die Chance Neues zu entdecken, Neues voneinander zu lernen, die Beziehung miteinander zu vertiefen. Das ist der Build-Aspekt in dieser Theorie. So entstehen potenzielle neue Ressourcen, die Ausgangspunkt für eine Aufwärtsspirale sein können. Positive Emotionen spielen also eine wichtige Rolle, auch wenn diese Aufwärtsspirale sich wohl nicht ins Unendliche drehen lässt.

## 3.1 ECC

Beziehungen gründen sich auf der Basis von Emotionen wie Interesse, Freude, Humor und anderen mehr. Interaktionen mit anderen lösen auch negative Emotionen aus und die Qualität der Beziehung hängt von der Qualität der Emotionen, die eine Rolle spielen ab. Auch bei Beziehungen am Arbeitsplatz. Daher wird, wie im zweiten Kapitel erwähnt, die Emotionale Traglast (engl.: „Emotional Carrying Capacity") als ein Strukturmerkmal von (positiven) Interaktionen betrachtet. Diese ist durch drei Aspekte gekennzeichnet; es werden mehr Emotionen ausgedrückt in der Interaktion, es werden positive und negative Emotionen ausgedrückt und drittens, die Emotionen werden auf eine konstruktive Art und Weise ausgedrückt.

Einige Studien aus den letzten 15 Jahren belegen, dass die emotionale Tragfähigkeit einen hohen Einfluss auf die Beziehungsqualität hat. In einer ersten Studie konnte man feststellen, dass die emotionale Tragfähigkeit positiv mit persönlicher Widerstandskraft zusammenhängt und dass sie den Zusammenhang zwischen gefühlter Beziehungsnähe und Resilienz beeinflusst.

In einer zweiten Studie wurden israelische Top Management Teams betrachtet. In diesem Fall konnte gefunden werden; je höher die emotionale Traglast, desto positiver auch der Zusammenhang zwischen Vertrauen und Resilienz auf dieser Ebene. Mit anderen Worten: „Ich hab keine Angst sowohl gute als auch schlechte Gefühle bei der Arbeit auszudrücken" hängt zusammen mit „dieses Top Management Team weiß, wie man mit Herausforderungen umgeht."

Wenn wir uns die Definition noch einmal genauer anschauen, können wir daraus ableiten, dass es wertvoll ist und dass es die Qualität von Interaktionen erhöht, wenn Emotionen eine Rolle spielen.

In den letzten Jahren bekommt das Thema Emotionen am Arbeitsplatz immer mehr Raum, dazu tragen Autoren mit ihren Büchern und Podcasts wie etwa Brene Brown und andere bei. Dabei gelten auch negative Emotionen, die thematisiert werden, als nützlich, weil sie als eine Art Ventil dienen können.

Hier ein praktischer Tipp zur Förderung der Emotionsdifferenzierung: Nutzen Sie für Teamrunden das Moodmeter der Yale Universität, das Sie bei Internetsuchmaschinen schnell finden werden. Sowohl bei Teamrunden, Konfliktgesprächen als auch zu Beginn (oder am Ende) von Großveranstaltungen, die ich moderiert habe, erweist sich dieses Tool als nützlich, weil es eine ganze Reihe von emotionalen Adjektiven vorschlägt, die uns eine genauere Auseinandersetzung mit Emotionen ermöglicht. Auch negative Emotionen auszudrücken, kann wertvoll für die Beziehung sein und die emotionale Traglast hat einen Einfluss auf die Resilienz im Team. Eine weitere gute Übung, die Sie auch in Gesprächen verwenden können, wenn es um Emotionen geht ist die „was noch"-Technik: Wenn Ihnen jemand erzählt, dass er vor dem anstehenden Pitch nervös ist,fragen Sie wiederholt „Was noch?". In der Regel kommt Ihr Gegenüber dann auf weitere Beschreibungen wie unruhig, vorfreudig, aufgeregt, neugierig auf die Reaktionen, Stolz die eigene Arbeit präsentieren zu können und andere mehr. Die meisten Menschen werden dabei ruhiger und finden aus der negativen Emotion leichter heraus. Außerdem zeigen Sie auf diese Art Interesse und nutzen gleich die Chance, die Beziehung zu vertiefen und sogar Unterstützung zu leisten, vielleicht entsteht so eine hochqualitative Verbindung.

Der Autor Ron Friedmann kam ebenfalls zu der Erkenntnis, dass Emotionen zeigen eine wesentliche Fähigkeit von Topleistungsteams darstellt. So fand er heraus, dass in Teams, die intakte Beziehungen pflegten, emotionaler kommuniziert wurde. Einerseits in dem in schriftlicher Kommunikation wie E-Mails mehr Ausrufezeichen, Emojis und Gifs verwendet wurden, aber auch andererseits durch den natürlichen Umgang und das Äußern von negativen Emotionen. Er unterstützt dabei die These, dass die Kosten dafür, den eigenen Ärger zu unterdrücken, höher sind – etwa weil die kognitiven Kapazitäten nicht für die Weiterbearbeitung anderer Aufgaben zur Verfügung stehen – als wenn wir unserer Wut und unserem Frust ein Ventil geben. Diese Form der Authentizität trägt laut empirischen

Befunden zum Wohlbefinden bei der Arbeit und zur individuellen Leistungsfähigkeit bei. Sie scheint aber auch der Schmierstoff für sozial verbundene Teams zu sein, solange sich alle psychologisch sicher fühlen.

Abschließend möchte ich Sie zu einer Reflektion anhand der folgenden Frage einladen: Wie emotional und wie konstruktiv emotional geht es in Ihrem Team zu und wie können Sie dafür Sorge tragen, dass Emotionen in Ihrem Team thematisiert werden, ohne zu einem Tabu zu werden?

## 3.2 Soziale Unterstützung

Menschen sind soziale Wesen und unterstützen sich gegenseitig. Wir unterscheiden dabei zwischen „angebotener Unterstützung" und „wahrgenommener sozialer Unterstützung". Ersterer mangelt es manchmal trotz guter Absicht an Empathie und Effektivität. Beispiel: Ein Kollege schickt eine Sprachnachricht in die WhatsApp- Gruppe, dass seine Frau erkrankt ist und er den Ausflug deswegen nicht mitmachen kann. Ein anderer Kollege reagiert darauf indem er eine Sprachnachricht schickt mit den Worten: „das ist eine gute Entscheidung, das hätte ich genauso gemacht." Dabei ging es ihm gar nicht darum ein Feedback dazu bekommen, sondern vielmehr ging es ihm vielleicht darum einfach ein bisschen sozialen Rückhalt und Unterstützung zu erfahren, ein bisschen Nähe zu erleben in einer schwierigen Situation mit einer erkrankten Frau.

Was soziale Unterstützung braucht, ist also eine Passung. Diese ist, wenn wir es als mathematische Formel formulieren wollen, dann gegeben, wenn die angebotene soziale Unterstützung zu dem Bedarf passt. Also: [soziale Unterstützung] ist gleich [Bedarf sozialer Unterstützung] geteilt durch [angebotene soziale Unterstützung]. Im Bezug auf das oben genannte Beispiel heißt das: Wenn der Kollege gesagt hätte: „Ich bin mir noch unsicher, ob ich den Ausflug mitmachen soll oder absagen soll, weil es meiner Frau nicht gut geht. Was würdet ihr denn tun?" Dann wäre die Antwort „nicht mitzukommen ist eine gute Entscheidung, das würde ich auch so machen", möglicherweise passend. Wenn derjenige aber eigentlich nur auf der Suche nach ein paar warmen Worten war, dann passt es möglicherweise nicht.

Die Forschung zu sozialer Unterstützung bekommt eine ganz neue Aktualität im Hinblick darauf, dass wir heute auch in post-pandemischen Zeiten überlegen müssen, wie wir soziale Beziehungen gestalten, wie wir High Quality Connections betonen und wie wir auch manchmal wieder neu lernen müssen aufeinander Rücksicht zu nehmen. Es lohnt sich also, wenn Kollegen Probleme äußern und vor Herausforderungen stehen, auf die dahinter stehende Information, auf den dahinter stehenden Bedarf an sozialer Unterstützung zu achten. Wenn jemand mit Unsicherheit zu kämpfen hat, weil er die richtige Lösung nicht kennt, dann braucht er Informationen. Wenn er sich einfach schlecht fühlt, braucht er vielleicht einfach Mitgefühl und Akzeptanz. Wenn er ein ganz praktisches Problem hat, braucht er möglicherweise Hilfestellung, Ratschläge oder ähnliches. Und wenn sich jemand einsam fühlt, dann braucht er möglicherweise Solidarität oder ein echtes soziales Netz. So oder so bietet der Bedarf nach sozialer Unterstützung Raum für High Quality Connections. Bevor Sie weiterlesen, machen Sie eine Pause und denken Sie über diese Frage nach: Wie gut bin ich darin, darauf zu hören, welche soziale Unterstützung mein Gegenüber benötigt?

## 3.3 Zuhören – Kommunikationsstile

Neulich war ich auf einer internationalen Konferenz und ein sehr renommierter Sprecher kam auf die Bühne und eröffnete seinen Vortrag mit einem, wie ich finde, sehr spannenden Gedanken: Er sagte, dass wir in Interaktionen das Sprechen viel zu bedeutungsvoll ansehen. Schließlich wäre er auch als „Redner" angekündigt worden. Dabei, so seine Argumentation, würden wir Zuhörer ja den Großteil der Arbeit machen. Denn er würde während seines Monologs nichts Neues mehr lernen. Er wüsste sogar schon ganz genau was er sagt und kenne schon 100 % des Inhalts, während es für uns möglicherweise alles oder einiges neu oder zumindest in seiner Darreichungsform neu wäre. Warum also nicht ein Gespräch als „Hörung" deuten. Eine Form Beziehungsqualität zu verbessern ist es also, einmal bewusst zu hinterfragen, wie wir zuhören und welche Intention wir dabei verfolgen. Wie hören Sie normalerweise zu? Um zu unterbrechen, um zu verstehen, um zu ergänzen, um zu überprüfen und zu korrigieren, um abzuwarten bis sie endlich dran sind mit Reden, oder oder oder ….

Die Arbeit von Deborah Tannen zeigte, dass sie davon ausgeht, dass wir zwei unterschiedliche Konversationsstile kennen. Nämlich einen sogenannten High Involvement Style (schneller Stil) und auf der anderen Seite einen High Consideratedness Style. (langsamer Stil).

Die Stile unterscheiden sich vor allem im Sprechtempo, in Bezug auf die Länge von Pausen zwischen Sätzen und innerhalb von Sätzen und dem Auftreten und der Bewertung von gleichzeitigem Sprechen. So gibt es die besonders aktiven Zuhörer, die sich gegenseitig unterbrechen und das aber als eine aktive Form von Zuhören beschreiben würden. Und es gibt die passiven Zuhörer, die sichergehen wollen, dass der andere wirklich zu Ende erzählt hat und die Chance hatte seine Gedanken ganz bis zum Ende auszuführen und gegebenenfalls noch zu ergänzen.

Ein Hebel für die Gestaltung von positiven Interaktionen wäre also die Anpassung meines Zuhörverhaltens an den Kontext, an das Thema und den Gesprächspartner. Mit welcher Absicht wollen Sie morgen zuhören?

## 3.4 Persönlichkeit - Extraversion/Introversion

Wir haben bislang keine Rücksicht auf Unterschiede in den Persönlichkeiten genommen. Doch diesen Gedanken möchte ich nun anhand eines sehr prominenten und in diesem Kontext bedeutsamen Merkmals aufgreifen: Extraversion und Introversion spielen eine wichtige Rolle dabei, wie wir unsere Interaktionen mit anderen gestalten. Viele Strategien für Positive Interaktionen sind eher extravertierten Personen zugänglich: sich öffnen, auf andere zugehen, überhaupt viele Interaktionen zu suchen. Häufig wird Extraversion mit einer Vielzahl von Stärken assoziiert wie etwa: Selbstsicherheit, Offenheit, Neugier, Kontaktfreudigkeit und viele andere mehr. Und Introversion? Bei der Beschreibung von Introversion benennen wir die gleichen Merkmale nur mit umgekehrten Vorzeichen, als wären hier keine Stärken vorhanden. Das ist in vielerlei Hinsicht problematisch, auch wenn es den Rahmen dieses Buches übersteigt. Mit Blick auf die Gestaltung von positiven wertvollen Interaktionen möchte ich aber eines betonen: Die Interaktionen müssen nicht laut, öffentlich und von Selbstkundgabe geprägt sein. Sie können auch den geschützten Rahmen für einen vertrauten und wohldosierten Austausch schaffen, in dem sich Introvertierte wohler fühlen. Die große Mehrheit von uns hat vermutlich sowohl intro- also auch extravertierte Anteile; in manchen Situationen verschließen wir uns eher und ziehen uns zurück und in anderen Fällen gehen wir aus uns heraus und zeigen uns offener. Die Effektivität des Konstrukts der HQC für die Praxis ist meines Erachtens darin begründet, dass sich viele Menschen, egal mit welcher Ausprägung dieses Persönlichkeitsmerkmals verschiedener Strategien bedienen können, um positive Interaktionen herzustellen. Die Hebel funktionieren für eine große Anzahl von Menschen in Teams und Organisationen und können somit die Interaktionsqualität, die empfundene Verbundenheit und somit unser Arbeitsleben ein großes Stück besser machen.

Vermutlich haben Sie ein Gefühl dafür, wo Sie auf einem Kontinuum zwischen den beiden Extremen Extraversion und Introversion stehen. Können Sie eine solche Einordnung auch für Ihre häufigsten Arbeitskontakte vornehmen? Eine besondere Sensibilität ist geboten, wenn die Unterschiede besonders groß sind oder wenn zwei Gesprächspartner mit ähnlicher Extremausprägung aufeinandertreffen. Was hilft? Die eigene Ausprägung annehmen und respektvolles, neugieriges, rücksichtnehmendes Herantasten in der Auseinandersetzung mit Personen, die sich von uns unterscheiden. Eigene Schwächen anerkennen und äußern sowie Rückmeldung geben, wenn der andere es einem schwerer macht als gewünscht. Hilfreich für die Förderung von HQC ist dabei das Verständnis davon, dass jede Ausprägung unschätzbar wertvolle Stärken hat, die der Beziehung dienen können. Introvertierte können sich am Arbeitsplatz sehr reflektierend und bedachtsam beobachtend zeigen, manchmal auch autonom und selbstgenügend in ihrer Denkweise und zuweilen mit einer gewissen Einsamkeitsvorliebe – Energiegewinnung durch Abstand, Abgrenzung und Alleinsein. Ja, das erschwert Emotionsfeuerwerke und laute Partys im Minutentakt, doch es verhindert nicht, dass wir Brücken zueinander bauen können.

Als Führungskraft möchte ich Ihnen besonders ans Herz legen, sich mit den Persönlichkeitsunterschieden innerhalb Ihres Teams zu beschäftigen und über Erwartungen zu sprechen, indem Sie mit dem einzelnen Mitarbeiter klären: Wie kannst Du im besten Fall in einer Beziehung sein? Welche Stärken bringst Du ein und was brauchst du dazu von mir? Welche negativen Erfahrungen hast Du gesammelt und wie vermeiden wir eine Wiederholung? Was wollen wir vereinbaren? Denken Sie daran: Es geht nicht darum mit allen, auch den ganz anders gepolten, Freunde fürs Leben zu werden. Aber es geht darum, die jeweils bestmögliche Arbeitsbeziehung gemeinsam zu realisieren.

# 4 Die Stellhebel: Wie HQC gefördert und gestärkt werden können

Die vier Stellhebel über die Sie leichter in positive Interaktionen finden sind: Vertrauen, Spielen. Respekt (respektvolles Engagieren) und Hilfeleistung (aufgabenbezogene Unterstützung).

Die Möglichkeit und Notwendigkeit anderen Vertrauen zu schenken, fordert uns täglich und das, obwohl die eigene Ungewissheit und potenzielle Verwundbarkeit es erschweren, anderen mit positiven Erwartungen zu begegnen. Spiele begrenzen soziale Risiken auf das Spielfeld und erlauben uns somit mehr von uns zu zeigen. So können wir einander leicht besser kennenlernen. Respekt ist nicht nur ein viel beschworener Wert, sondern eine Mindestanforderung an die Umgangsformen in Unternehmen und Gesellschaft. Aufgabenbezogene Unterstützung, prosoziales Verhalten und Hilfeleistung bedeuten zugunsten anderer zu denken und zu handeln. Dem steht manches Mal möglicherweise das eigene Ego, die Zeit, Annahmen über das Umfeld und die Zukunft oder Erschöpfung im Weg. Dabei kann Sie den Boden für Dankbarkeit und tiefere Verbundenheit bilden.

Im Folgenden stelle ich Ihnen die vier Aspekte ausführlicher vor und habe jeweils vertiefende Konzepte und Praxistipps angeschlossen.

## 4.1 Aufgabenbezogene Unterstützung

Aufgabenbezogene Unterstützung ist einer der vier Hebel über die wir schnell positive Interaktionen gestalten können. Menschen, die uns bei der Überwindung von Hindernissen helfen oder mit einem unvorhergesehenen Top-Tipp die nächste Präsentation aufwerten, gewinnen unser Vertrauen und unsere Dankbarkeit. Insbesondere Dankbarkeit hat das Potenzial das Bedürfnis etwas zurückgeben zu


M. Schweighart, *High Quality Connections in der Arbeitswelt*, essentials,
https://doi.org/10.1007/978-3-658-43361-1_4

wollen zu wecken und kann so die Grundlage für hochqualitative Verbindungen schaffen. Dabei kostet Hilfestellung für andere meistens kein Geld und häufig nur wenig Zeit. Sie können also schnell in die erste von möglicherweise vielen folgenden positiven Interaktionen investieren, indem Sie zuhören und dabei abwägen, welche Hilfeleistung Sie Ihrem Gegenüber schnell anbieten können. Bei Arbeitsgesprächen können dies regelmäßig sein: Ein Tipp zu einem Blog, Podcast, Artikel, Autor, Experten, der etwas über das Thema weiß, das den anderen gerade beschäftigt; eine Meinung, ein Ratschlag oder eine helfende Hand bringen den anderen schnell voran und sie beide näher zusammen. Die Kunst ist dabei, möglichst oft die eigenen Antennen so auf Empfang zu stellen, dass sie direkt Ideen für Unterstützung brainstormen und äußern können. Im Folgenden stelle ich drei Werkzeuge dar, die Hilfeleistung und Unterstützung für andere ermöglichen.

### 4.1.1 Geben und Nehmen

Adam Grant hat in seinem Buch „Geben und Nehmen" das Konzept der Reziprozitätsformen aufgegriffen. Manche agieren als Nehmer und versuchen eigenen Nutzen zu maximieren, von anderen zu profitieren und somit kurzfristige Vorteile zu erlangen. Andere agieren als Geber, das bedeutet, sie gehen mit einer Haltung von Hilfsbereitschaft und Fürsorge für andere in Gespräche. Diese Denkweise ist natürlich für die Förderung positiver Interaktionen besonders günstig. Die meisten von uns bedienen sich im beruflichen Kontext allerdings einer Tauschermentalität. Das Prinzip „eine Hand wäscht die andere" ist hier besonders weit verbreitet. Spannenderweise antworten Befragte, dass sie ein Klima der Fürsorge und Unterstützung eher bevorzugen würden – und verhalten sich dann selbst anders. Dies geschieht teilweise, weil wir den Kontext interpretieren; so führt allein das Tragen von Businesskleidung eher zu wettbewerbsorientiertem Verhalten. Zum Teil ist dieses Verhalten aber auch durch die Sorge davor ausgenutzt zu werden motiviert. Die gute Nachricht: Geber, die sich Zeit für die Unterstützung anderer nehmen und diese Zeit begrenzen, um auch eigene Ziele verfolgen zu können, sind erfolgreicher als Menschen mit ausgelebten Nehmerqualitäten. Es lohnt sich also vor und während der Begegnungen mit Kollegen oder Chefinnen zu überlegen: Was kann ich tun, welchen Tipp habe ich auf Lager, der der anderen Person eine Hilfe sein könnte. Der Hinweis auf einen Newsletter oder einen Blog, einen Experten oder ein Buch kann anderen bereits große Schritte weiterhelfen. Diese Form der aufgabenbezogenen Unterstützung muss nicht immer ein großes eigenes Zeitinvestment bedeuten. Wenn Sie einen Schritt weitergehen wollen, dann können Sie gegenseitige Unterstützung allerdings auch organisieren: Mit einem Reziprozitätsring. Dafür findet sich eine Gruppe, in der jeder ein Ziel oder einen Wunsch formuliert. Rundenbasiert stellt jeder kurz sein Ziel vor. Die übrigen antworten ad hoc und geben Tipps und Kontaktdaten preis, damit die Person bei Interesse vertieft nachfragen kann.

Überlegen Sie einmal, in welchen Bereichen sind Sie Experte, wozu werden Sie oft befragt von Kollegen? Wie nehmen Sie berufsrelevante Informationen auf? Welche Quellen nutzen Sie dazu außerhalb des Intranets der Firma? In der Regel finden sich auf diese Weise schnell die eigenen Expertenbereiche, in denen Sie eine besonders kompetente Tippgeberin für andere sein können.

### 4.1.2 Mitgefühl

Arbeit als Leidenschaft, die Leiden schafft? Sorgen sind Teil der menschlichen Erfahrung bei der Arbeit. Die junge Beraterin in einer Sparkassengeschäftsstelle kam die letzten Wochen schon weniger fröhlich in die Firma, doch an diesem Morgen wirkt sie emotional entkräftet, traurig und niedergeschlagen. Sie hat am Abend vorher ihren Mann nach nur sechs Monaten Ehe vor die Tür gesetzt. Die Jugendliebe war nach Jahren der Fernbeziehung an der Realität der ersten gemeinsamen Wohnung zerschellt. Ich erinnere mich noch gut an diesen Tag nur kurze Zeit nach dem Abschluss meiner Ausbildung zum Bankkaufmann und das nicht nur, weil ich mich mit der nahezu gleichaltrigen Kollegin gut verstand, sondern insbesondere, weil mich die Reaktion unserer Chefin beeindruckte. Mit Verständnis nahm sie sich Zeit für Gespräche, koordinierte, dass wir anderen die Beratungstermine des Tages übernahmen oder verschoben und die Kollegin sich in einem Büro aus dem Tagesgeschäft, soweit sie eben wollte, raushalten konnte, wenn Sie schon überhaupt bei der Arbeit sein wollte. Trauer, Leid, Sorgen, ob nun zur Arbeit mitgebracht oder dort verursacht, weil beispielsweise während eines Changeprozesses, der Arbeitsplatzveränderungen mit sich bringt, emotionale Bindungen gekappt werden, finden in Organisationen statt. Die Frage ist, wie die Protagonisten damit umgehen und insbesondere, ob Mitgefühl von der Organisation propagiert und gelebt wird.

Die Forschung lehrt uns, dass Mitarbeitende eher in der Lage sind hochqualitative Verbindungen aufzubauen, wenn Mitgefühl unter Kollegen gelebt wird und wenn sie ermutigt werden Mitgefühl gegenüber Kunden auszudrücken. Dabei erfordert Mitgefühl einen Prozess in vier Schritten:

1. Bewusstsein für die Situation,

2. Interpretation als Leiden,
3. Empathie empfinden und
4. Handlungsschritte zur Leidminderung.

Die Frage ist, ob das Wertesystem der Organisation den Ausdruck von Empathie und Mitgefühl soweit unterstützt, dass Hilfeleistung als akzeptierter und selbstverständlicher Bestandteil der sozialen Interaktion bei der Arbeit betrachtet werden kann, für die auch Ressourcen wie Arbeitszeit und Kommunikationskanäle genutzt werden können. Die Annahme darüber, ob in diesem Umfeld Hilfeleistung angebracht ist, beeinflusst das tatsächliche Hilfeverhalten mitunter stark. Wie erleben Sie Ihre Organisation? In welchem Kreis sollte dieses Thema diskutiert werden?

## 4.2 Respektvolles Engagieren

Respekt ist eine wichtige Form der Wertschätzung und ein entscheidender Hebel für HQC. Der Autor und Psychiater Prof. Dr. Reinhard Haller beschreibt Respekt in seinem Buch „Das Wunder der Wertschätzung", in dem er sagt: Respekt bedeutet, dem anderen Achtung unabhängig von seiner (gesellschaftlichen) Position entgegenzubringen. Dabei spielen authentische Anerkennung, positive Kommunikation, das Überwinden von Unterschieden sowie die Ermutigung zum Wachstumsdenken eine wichtige Rolle.

### 4.2.1 Authentische Anerkennung als Schlüssel

Anderen respektvoll zu begegnen, zahlt sich aus. Ergebnisse einer Studie von Friedman, Carmeli und Dutton deuten darauf hin, dass Mitarbeiter, die von ihren Vorgesetzten mit Respekt behandelt werden, mehr hilfesuchende Verhaltensweisen zeigen, was wiederum ihre Arbeitsleistung verbessert. Die Autoren konnten auch zeigen, dass diese indirekten Beziehungen durch psychologische Sicherheit moderiert werden, sodass respektvoller Umgang mit Vorgesetzten für diejenigen am wichtigsten ist, die sich psychisch unsicher fühlen.

Psychologische Sicherheit und respektvoller Umgang mit einem Vorgesetzten hängen zwar zusammen, können aber auch unabhängig voneinander funktionieren. Ein Mitarbeiter kann beispielsweise respektvolle Interaktionen mit seinem Vorgesetzten erleben, sich aber psychologischunsicher fühlen, weil er oder sie keine positiven Arbeitsbeziehungen zu den Kollegen aufgebaut hat. Sicher kennen auch Sie Beispiele, in denen eine enge Beziehung zum Vorgesetzten, nicht zu einer Erfahrung von psychologischer Sicherheit bei der Arbeit führte. In diesem Fall könnten andere Mitarbeiter neidisch auf den Mitarbeiter werden und ihn oder sie als „Liebling" des Vorgesetzten ansehen. In diesem Fall kann sich die Person, die eine respektvolle Beziehung zu ihrem Vorgesetzten pflegt, psychisch unsicher fühlen, weil die Kollegen versuchen könnten, den besonderen Status des „Bevorzugten" zu schmälern.

Schein unterscheidet drei Arten von Demut: die Demut, die wir gegenüber Älteren und Würdenträgern empfinden, diejenige, die wir gegenüber Menschen empfinden, die Überragendes geleistet haben und die „Demut im Hier-und-Jetzt". Diese letztgenannte Demut entsteht, wenn wir von anderen abhängig sind, etwa in unserer Leistungserbringung am Arbeitsplatz. Schein richtet seinen Appell für Demut im Hier-und-Jetzt insbesondere an höherrangige Führungskräfte, die de facto abhängig sind von der Kooperation nachgeordneter Mitarbeiter. Respektvoller Umgang ist also insbesondere gegenüber Kolleginnen und Kollegen wichtig, die sich in ihrer Zugehörigkeit, ihrer Rolle, ihrem Rang im Team oder ihrer Leistungsfähigkeit unsicher fühlen und nach Orientierung suchen. In der Folge kann es den Betroffenen gelingen Lernängste zu verlieren, in Ruhe nachzudenken und somit achtsamer und kreativer zu sein.

Ihre Kolleginnen und Kollegen wünschen sich – und benötigen – Anerkennung bei der Arbeit. Echte Anerkennung stärkt Engagement, Zugehörigkeitsgefühl und Zufriedenheit bei der Arbeit. Damit kann eine respektvolle Anerkennungskultur ein wichtiger Faktor für die Bindung der Mitarbeitenden an die Organisation sein. Diese Effekte stellen sich aber nur dann ein, wenn die Menschen in der Organisation das Vertrauen haben, dass geäußerte Anerkennung wahrhaftig und ehrlich ist. Diese Wahrnehmung haben Mitarbeitende regelmäßig dann, wenn sie als bedeutungsvoll, ehrlich und wahrhaftig erlebt wird und wenn sie als wohlverdient und individuell wahrgenommen wird, statt von vor Eigenlob triefend oder voller leerer Phrasen oder Allgemeinplätzen gehalten. Mitarbeitende schließen von der Feedbackqualität auf die Organisationskultur und ihre Zukunft im Unternehmen. Zusammenfassend einige Gründe, warum sich Respekt auszahlt:

- Es ist eine Frage des Anstands.
- Authentische Anerkennung reflektiert die Unternehmenskultur.
- Anerkennung bestätigt Mitarbeitenden, dass Sie sich geschätzt fühlen, sodass sie sich auch fair behandelt fühlen.
- Rückmeldung über Fortschritte und Leistung erfolgt.
- Mitarbeitende schätzen so ihre Chancen auf Karrierefortschritt ein.

Geben Sie Rückmeldung, in dem Sie

- Klares Feedback geben, das den Bezug zu Ergebnissen, Auswirkungen und Zielen herstellt
- Konkret sind statt Allgemeinplätze zu wählen, etwa indem Sie Stärken benennen
- Wählerisch sind, statt jeden jederzeit und überall zu loben
- Bedeutsame Worte wählen, die den Bezug zur Rolle und Aufgabe in der Organisation herstellen
- Ihre Sprache der Anerkennung so anpassen, dass Ihr Gegenüber sie gut annehmen kann. Nicht jeder kann Rückmeldungen in der gleichen Weise gut annehmen

### 4.2.2 Gegenseitiger Respekt – relationale Koordinierung

Ich liebe es, Flugzeuge am Boden zu beobachten, bevor ich an Bord gehe, bevorzugt dann, wenn ich in den Urlaub fliege. Airlines verdienen dann Geld, wenn ihre Flugzeuge möglichst wenig Zeit am Boden verbringen. Ein Koordinator für die Abfertigung am Hamburger Airport erzählte mir mal, dass insbesondere einige Billigflieger sehr knappe Standzeiten kalkulieren, doch diese meistens nicht eingehalten werden können. Denn: Die Vorbereitung des Fliegers bedarf der Zusammenarbeit von vielen unterschiedlichen Rollen: Piloten, Besatzung, Agenten, Bodenpersonal am Gate, Reinigungspersonal, Gepäckabfertiger, Betanker, Frachtagenten, Caterer, Mechaniker und andere mehr. Diese Rolleninhaber arbeiten alle an unterschiedlichen Orten (Cockpit, Vorfeld, Terminal), mit unterschiedlichen Zielen, Ausbildungen und Leistungsmaßstäben. Wenn eine Airline es schafft, dass sich alle Beteiligten hinter dem Ziel „Flieger schnell wieder in die Luft kriegen“ versammeln, dann hat sie einen entscheidenden Wettbewerbsvorteil. Eine vorteilhafte soziale Koordination beinhaltet ein gemeinsames und geteiltes Ziel, geteilte Informationen und vor allem: gegenseitigen Respekt. Damit ist eine Haltung gemeint, die jeden in seiner Rolle mit seinen Aufgaben und Zielen akzeptiert und einen Umgang auf Augenhöhe betont, statt (vermeintliche) Statusunterschiede zu betonen.

Arbeiten Sie in einem Umfeld, das durch Zeitdruck, gegenseitige Abhängigkeit oder Unsicherheit geprägt ist, ähnlich wie es am Flughafen der Fall ist? Dann lohnt es sich für Sie auf zeitnahe, regelmäßige und lösungsorientierte Kommunikation unter den Beteiligten hinzuarbeiten. Respekt können Sie dabei auch strukturell verankern, etwa durch: Teamworkshops und Trainings, Teamziele und -belohnungen statt Einzelzielen, gute Rollendefinitionen sowie Wissenstransfertools und transparente Informationen.

### 4.2.3 Positive Kommunikation

Respektvoller Umgang lebt von der Art, wie wir miteinander kommunizieren und unsere Kommunikation prägt unsere Beziehungen. Julien Mirivel beschreibt in seiner positiven Kommunikation sechs grundsätzliche Schritte, die unsere Beziehungen verbessern können. Es beginnt mit der Art uns zu begrüßen: Die Aufmerksamkeit ganz auf unseren Gesprächspartner zu konzentrieren, schafft echten zwischenmenschlichen Kontakt. In Indien und einigen anderen asiatischen Ländern sagt man „Namaste“ „ich verbeuge mich vor Dir“. Dies spiegelt den Respekt wider, den wir der anderen Person entgegenbringen können. Der zweite Schritt dreht sich darum, den anderen verstehen zu wollen und wie ein neugieriger Forscher fragen zu stellen, um den anderen noch besser kennenzulernen. Komplimente, der dritte Aspekt nach Mirivel, sprechen wir, das haben Experimente gezeigt, ohnehin viel zu selten aus. Sie haben die Kraft Menschen zu berühren und die Beziehung zu stärken. Doch wer fragt, sollte sich auch selbst öffnen. Dadurch, dass wir etwas von uns selbst preis geben, vertiefen wir die Beziehung. Wir signalisieren dem anderen, dass wir ihm Vertrauen und investieren in die Beziehung. Das ist Schritt vier. Als fünften Aspekt beschreibt Mirivel die Bedeutung von verbaler Ermutigung. Der abschließende Baustein dreht sich um das Zuhören, mit dem Ziel Unterschiede zum anderen besser zu verstehen und Gemeinsamkeiten aufzudecken. Mit diesen Aspekten positiver Kommunikation, die eher eine Haltung als ein Prozessmodell beschreiben, können wir anderen besonders respektvoll begegnen.

### 4.2.4 Ermutigung zum Wachstumsdenken

Natürlich sind Lob und Anerkennung für Erreichtes hilfreich. Ermutigung ist aber nicht auf die Vergangenheit, sondern auf künftige Erfolge ausgerichtet. Kolleginnen und Mitarbeitende zu ermutigen, bedeutet Anstöße zum Handeln zu geben, die zum Besiegen des eigenen Schweinehunds einladen, Mut geben zur Überwindung von Hemmnissen und für das Durchstehen von Durststrecken. In der Psychologie deutet vieles darauf hin, dass wir nicht erwünschte Verhaltensweisen manchmal nur aus fehlendem Zutrauen heraus zeigen, dass wir die Herausforderung neuer Aufgaben und Gewohnheiten vermeiden. Wenn Sie es schaffen anderen Menschen Mut zu machen, eröffnen Sie diesen nicht nur neue Perspektiven, sondern stärken auch die Beziehung zu anderen. Im Kern geht es darum aus einem „Ich werde das nie können" ein „Ich kann es vielleicht noch nicht, aber es ist schaffbar" zu machen. Die zweite Aussage repräsentiert das von Carol Dweck eingeführte Konzept des Wachstumdenkens. Damit ist eine optimistische Elastizität unserer Denkhaltung gemeint, die uns in der Überzeugung hält, dass wir Dinge lernen, erreichen und verwirklichen können, obwohl sie schwierig scheinen. Sie können anderen auf vielfältige Weise Mut machen, beispielsweise, in dem Sie sich selbst verletzlich zeigen und Selbstakzeptanz im Angesicht von Niederlagen beweisen oder neue Herausforderungen annehmen trotz drohender Ablehnung oder Misserfolgen. Sie können dabei Ermutigen durch eigenes Vorbild, Ihre Sprache und Körpersprache oder Gelassenheit, aber auch durch konstruktives Feedback, Zielvorgaben und Stärkenrückmeldungen. All diese Techniken haben auch die Chance, die Beziehung zu stärken. Vor allem aber wird jemand, der durch ihren wohlwollenden Stupser den Sprung ins kalte Wasser gewagt hat und dann Schwimmen lernt, Ihnen dankbar sein und die gemeinsame Geschichte gewinnt das Potenzial die Verbundenheit zueinander zu stärken.

## 4.3 Vertrauen

Das Thema Vertrauen ist in der Managementliteratur prominent vertreten und wie Guido Möllering für das Max-Planck-Institut es einmal zusammenfasste: Es gibt von Seiten der Psychologie, Ökonomie, Soziologie und übrigen Disziplinen eine solche Vielzahl von Ansätzen, dass eine Zusammenfassung herausfordernd erscheint. Hier nähern wir uns an, in dem ich zunächst Gründe und Strategien für Vertrauen skizziere, bevor ich auf ein Konzept von David Rock zu sprechen komme, das uns aufzeigt, wie wir Sicherheit, also Vertrauen in die Erwartbarkeit der Zukunft gewinnen können.

### 4.3.1 Gründe und Strategien für Vertrauen

Vertrauen ist eine Entscheidung mit ungewissem Ausgang, die höchst rational ist. In unserer heutigen arbeitsteiligen Welt, sind wir darauf angewiesen anderen zu vertrauen, allein deshalb, weil es schneller geht, als alles zu kontrollieren oder selbst zu erledigen. Die Entscheidung anderen Vertrauen zu schenken ist dabei von der Vertrauenswürdigkeit des Gegenüber, Wohlwollen, Kompetenz oder Integrität abhängig. Eine andere Sicht auf Vertrauen ist es, dass es einfach entsteht, wenn Menschen sich „normal" oder erwartungsgemäß verhalten. Wenn alle sich an Regeln und Routinen orientieren und somit auch untereinander wiederkehrende Verhaltensmuster etabliert werden, so wächst Vertrauen. Vertrauen wird auch manchmal als Vertrauensvorschuss gegeben, wenn es heisst: „Das ist unsere neue Projektmanagerin". Dann interagieren wir mit der Person so wie wir es von der Rolle erwarten können oder müssen und unterfüttern unsere Erfahrungen später mit gewachsenem Vertrauen. Das ist die dritte Perspektive auf das Thema: Vertrauen ist das kleinschrittige Ergebnis eines reflexiven Prozesses aus miteinander gemachten Erfahrungen. Zusammengefasst kann unser Vertrauen gegenüber anderen aus Vernunft, Routinen und Reflexivität wachsen und somit Sicherheit vermitteln, ohne die Unsicherheit ganz aufzuheben, weil wenigstens die Möglichkeit besteht, dass Vertrauen in Zukunft enttäuscht wird. Daher ist es gut, dass wir in jeder Interaktion auf das Vertrauenskonto einzahlen und es so erneuern. Darin liegt die Chance für hochqualitative Verbindungen: Wir können uns offen zeigen und als verlässlicher Zuhörer, wir können Erwartungen an uns entsprechen und Kompetenz beweisen. Auf der anderen Seite können wir auch unsere Vertrauensfähigkeit unter Beweis stellen, indem wir unserer Gesprächspartnerin Zutrauen schenken und sie ermutigen durch Zuspruch, lobende Kommentare, Körpersprache oder etwas subtiler und indirekter über Humor, Momente der Lockerheit, Angebote zur Unterstützung und Entlastung und die Art wie wir in Anwesenheit Dritter über diejenige sprechen. Vertrauen heisst ein Risiko zu wagen und aus der Deckung zu gehen, dadurch werden wir sichtbarer und geben anderen die Chance uns besser kennenzulernen. So bereiten wir den Boden für hochqualitative Verbindungen.

### 4.3.2 Sicherheit als Schlüssel

Vertrauen spendet uns Sicherheit. Die Fürsorge für grundlegende Bedürfnisse ermöglicht es uns Menschen, kooperativ und vertrauensvoll miteinander zu arbeiten. Die Forschung zum Thema Neuroleadership von dem Unternehmensberater David Rock zeigt auf, wie wir offener in der Kommunikation und Kooperation werden. Über mehrere Jahre hat er die weltweit führenden Neurowissenschaftler zu den aktuellen Erkenntnissen in ihren Forschungsgebieten untersucht. Dabei hat er fünf Muster identifiziert, die nach Übereinstimmung aller Wissenschaftler zu einer hohen Performance, Ausgeglichenheit, Kooperation und Lernbereitschaft führen. Diese fünf Merkmale hat er in dem engl. Akronym **„SCARF"** (Status,

**C**ertainty, **A**utonomy, **R**elatedness, **F**airness) zusammengefasst. Mit Status ist Sicherheit über den eigenen Rang gemeint, Sicherheit ist die Abwesenheit von Bedrohungen, autonom sind wir, wenn wir uns als Autor unseres Handelns mit Wahlfreiheit empfinden, Verbundenheit gibt uns das Gefühl von Zugehörigkeit zu einer Gruppe und Fairness vermittelt uns, dass Entscheidungen nach transparenten objektiven Kriterien getroffen werden. Um das Wissen um die Bedeutung dieser Säulen zu nutzen. Hier drei Tipps für die Gesprächspraxis:

1. Sorgen Sie in Gesprächen insbesondere zu Beginn dafür, dass die andere sich sicher fühlt, damit nicht die Gefahr besteht, dass jemand in den Stressmodus (Fight/Flight/Freeze) verfällt, sondern voller Gelassenheit und Offenheit für das Gespräch bereit stehen kann. Somit wirken auch die Situationsfaktoren vertrauensbildend. Dies können Sie tun, indem Sie…
   a. …als Führungskraft ihr Gegenüber die Themen des Mitarbeitergesprächs beeinflussen lassen (Autonomie, Sicherheit).
   b. …als kollegialer Ratgeber dem Kollegen das Zutrauen geben, dass er bei Nachfragen aufgrund von Unwissenheit nicht abgewertet wird, sondern akzeptiert wird. (Status, Sicherheit, Zugehörigkeit).
   c. …bei Entscheidungen das Zustandekommen und Ihre Kriterien erläutern sowie die Meinung des anderen anhören (Fairness).
2. Interesse an den Standpunkten Ihrer Gesprächspartner zeigen und Offenheit für Widerspruch und neue Argumente verkörpern.
3. Von Zeit zu Zeit grundlegendes Erwartungsmanagement in Beziehungen betreiben, um zu klären, welche Spielregeln im Umgang sie sich geben wollen und wie Sie mit Verletzungen umgehen. Zur Vertiefung empfehle ich Ihnen die „Scheitelsteingespräche“ nach Michael Bungair-Stanier in seinem Buch „How to work with almost anyone“.

Zusammengefasst vermittelt uns die Befriedigung der von Rock in seinem SCARF-Modell benannten Bedürfnisse Sicherheit und schafft Raum für positive Emotionen wie Gelassenheit und Interesse. So kann auch im Sinne der Broaden-Build-Theorie, die Sie im Kapitel über Emotionen kennengelernt haben Raum für neue soziale Ressourcen, also beispielsweise hochqualitative Verbindungen, entstehen.

## 4.4 Spielen

Dem Thema Spielen stehen viele Führungskräfte ambivalent gegenüber: Je nach persönlicher Prägung und Traditionsverbundenheit oder Hierarchieorientierung der Organisationskultur wird es eher als unangebracht betrachtet oder in jüngeren Teams als willkommene Abwechslung, die Nutzen stiften kann, akzeptiert. Für Positive Interaktionen sind Spiele ein echter Katalysator. Daher greife ich hier die Bedeutung von Spielen bei der Arbeit auf.

### 4.4.1 Die Bedeutung von Spielen bei der Arbeit

Beim Spiel kann man einen Menschen in einer Stunde besser kennenlernen, als im Gespräch in einem Jahr.

Platon (427 – um 348 v. Chr.), lateinisch Plato, griechischer Philosoph,

Der Think Tank der Boston Consulting Group, das Henderson Institut, hebt die Bedeutung von Spiel in der modernen Arbeitswelt hervor. Wenn wir uns in Spiele vertiefen, wird unsere Vorstellungskraft angeregt. Gleichzeitig entwickeln wir aus dem Moment heraus neue Lösungswege und generieren gemeinsam neue Ideen. So entstehen Improvisation, Imagination und Inspiration. Spielen bedeutet aus dem Moment heraus Impulsen zu folgen, ohne dies lange vorzubereiten – und genau darin liegt die Chance auf die Entdeckung von neuen Ideen, Erkenntnissen und Innovationen.

Wenn wir beginnen Realität und Fantasiewelt abzugrenzen, bewegen wir uns in ganz neuen Räumen, in denen wir mögliche Zukunftsbilder entwickeln können – so wird Lernen möglich und Zukunftsschritte werden real. Ernsten Diskussionen eine Wendung zu geben und durch Humor für Entlastung zu sorgen, erzeugt echte Inspiration, fesselt uns und manchmal sind uns andere sogar dankbar dafür, dass wir die im Raum spürbare Spannung lösen konnten. Damit Spielen eine angemessene und erfolgsversprechende Strategie für hochqualitative Verbindungen wird, sollten Sie fünf Aspekte beachten: Erstens sollten Sie für psychologische Sicherheit sorgen, also soziale Risiken für Aktionen im Spiel minimieren: Wie groß ist das Vertrauen der am Spiel Beteiligten, dass ein Scheitern im Spiel keine Konsequenzen über das Spielende hinaus haben wird? Zweitens birgt eine Zieloffenheit und Bereitschaft die Richtung und Spielstrategie zu wechseln mehr Chance für Kooperation. Im Improvisationstheater gibt es dafür die Regel „Ja, und…“. Sie besagt, dass ein Spieler auf eine Handlung, eine Aussage oder einen Vorschlag des anderen immer eingeht, diesen als gegeben akzeptiert, in seine Handlung integriert und darauf aufbauend eigene und neue Aspekte zu der Geschichte hinzufügen darf. Folgende Übung zeigt sehr eindrücklich welche positive Wirkung dies für den Flow in der Interaktion hat: Sie planen gemeinsam einen Wochenendausflug und fügen immer abwechselnd etwas hinzu, was Sie als nächstes unternehmen. Wenn Sie dies ein zweites Mal durchführen und dabei bewusst gegen die „Ja, und"-Regel verstoßen, wird schnell spürbar wie sehr ein „Nein, stimmt nicht" den Fluss des Gesprächs unterbricht und die Distanz zwischen den Gesprächspartnerinnen vergrößert. Die dritte Regel für erfolgreiches Spielen: Definieren Sie das Spielfeld und die Regeln, sodass die Grenzen des Feldes für alle deutlich sind. Dies schafft mehr Erwartungssicherheit und reduziert soziale Risiken. Viertens sind Momente des Spiels solche, in denen wir uns wahrhaftig zeigen und Persönliches teilen, wo wir „aus uns heraus gehen" statt zu verkopfen. Kennen Sie diese Momente von Betriebsausflügen, bei denen ein Kollege selbstvergessen durch eine etwas waghalsige und mutige Aktion das Spiel für sein Team entscheidet. Die Situation ist dann häufig davon geprägt, dass das Verhalten aus den normalen Verhaltensroutinen ausbricht und wir den Kollegen in einem anderen Licht erkennen und das Gefühl haben, ihn besser zu kennen als vorher. Der fünfte Aspekt ist Geduld. Erfolg im Spiel ist genauso wenig planbar, wie sie den genialen Moment oder Einfall im Voraus festlegen können. Etwa so, wie Sie sich zwar vornehmen können, einen gemütlichen Grillabend mit den Kolleginnen und Kollegen beim Betriebsausflug zu erleben, es aber nicht verordnen können. Die Rahmenbedingungen zu schaffen, indem Sie Grill, Essen, Trinken und Ort organisieren ist das eine. Dass sich aber dann ausgelassene Stimmung einstellt, eine laue Sommernacht herrscht und alle der Gitarre spielenden Kollegin andächtig lauschen, muss sich fügen. In der gleichen Art ist auch Inspiration durch Spielen unverfügbar. Damit ist gemeint, dass nicht planbar ist, ob und wann sie eintritt. Daher brauchen Sie Geduld. Spielen ist, also eine ernste Angelegenheit und kann einen wertvollen Beitrag für Verbundenheit untereinander und mehr positive Interaktionen leisten.

## 4.5 Kognitive, Emotionale und Behaviorale Mechanismen und 4 Hebel aus 9

Die bereits vorgestellten 4 Hebel für positive Interaktionen und Verbundenheit stellen nur eine Auswahl dar, weil sie sich vor allem auf verhaltenstechnische Mechanismen beziehen, die in der Praxis leicht anwendbar und umsetzbar sind. Deswegen fokussiere ich sie hier gerne und tue das auch in meinen Workshops, Trainings und Coachings. Tatsächlich bilden diese vier eine Auswahl aus neun

Prozessen, die für hochqualitative Verbindungen sorgen können: Es gibt jeweils 3 kognitive, 3 emotionale und 3 verhaltenstechnische Mechanismen, die wirken.

Kommen wir zunächst zu den kognitiven Mechanismen: Wichtige Voraussetzungen, um mehr positive Interaktion zu schaffen auf kognitiver Ebene sind erstens die Fremdwahrnehmung, zweitens das Sammeln von Eindrücken von anderen und drittens die Perspektivübernahme. Dabei handelt es sich mehr oder weniger um bewusste Gedanken. Grundlage ist die Fremdwahrnehmung und die Unterscheidung von eigenem und fremdem Verhalten beziehungsweise der bewussten Fokussierung darauf, dass ich gerade in Gegenwart einer anderen Person bin und ihre Handlungen bewusst fokussiere.

Der zweite Mechanismus ist der der Eindrucksbildung und Sammlung, wobei wir immer nur ausgewählte nonverbale, verbale oder behaviorale Signale aufnehmen. Daraus bilden wir unsere Eindrücke wie die andere Person ist.

Der dritte Mechanismus ist die Perspektivübernahme, die uns hilft, das Verhalten anderer zu verstehen und vorherzusagen, um uns somit auf andere besser einstellen zu können.

Darüber hinaus gibt es 3 emotionale Mechanismen, die für die Entstehung von High Quality Connections bedeutsam sind.

Zunächst einmal sind dies die positiven Emotionen, über die wir im nächsten Kapitel noch weiter sprechen werden und dabei insbesondere die Dankbarkeit, die für die Verbundenheit und den Aufbau von sozialen Beziehungen eine besondere Rolle spielt.

Der zweite emotionale Mechanismus ist der der emotionalen Ansteckung. Emotionale Ansteckung bedeutet, dass eine Person die Gefühle und Einstellungen einer anderen Person oder Gruppe beeinflusst. Durch diese emotionale Ansteckung können Individuen emotionale Erfahrungen teilen und diese Nachahmung ist mit größerer Sympathie und Verbundenheit verknüpft.

Als dritter Mechanismus kennen wir die Empathie. Empathie entsteht, wenn eine Person stellvertretend die Emotionen einer anderen Person erlebt und mitfühlt. Diese wiederum motiviert uns zu prosozialem Verhalten und kann ein wichtiger Einflussfaktor sein für mehr Verbundenheit.

Die 3 verhaltenstechnischen Mechanismen haben wir schon kurz kennen gelernt, denn es geht einmal um respektvolles Engagement es geht um aufgabenbezogene Unterstützung und es geht um spielerische Aktivitäten, die uns die Variation von Reaktionsmustern ermöglicht und somit das Lernen über uns und andere fördern. Das passiert deutlich schneller in einem Spielmodus als in einem Nicht-Spielmodus und somit entsteht eine höhere zwischenmenschliche Risikobereitschaft, wodurch wir uns für Kontakte eher öffnen.

# 5 Fünf Ansatzpunkte in Organisationen für positive Interaktionen

Die vorgestellten vier Hebel zur Förderung von positiven Interaktionen können Sie in fünf Bereichen der organisationalen Realität besonders effektiv einsetzen. Diese sind Führung, Kultur, Incentives, Rituale und Rollen.

## 5.1 Führung

Die erahnten typischen Verhaltensweisen von Rolleninhabern geben uns Erwartungssicherheit und helfen uns unsere Kompetenz im Hinblick auf die Rollenanforderungen abzugleichen. Die Förderung von einem positiven Teamklima ist eine im Managementdiskurs akzeptierte Erwartung an Führungskräfte. Die Förderung von positiven Interaktionen inklusive sich öffnen, spielerisch agieren, Vertrauen schenken, hierarchieunabhängig respektvoll und auf Augenhöhe zu agieren und stets hilfsbereit zu sein, wie wir sie hier besprechen, stellt jedoch eine komplexe Rollenanforderung an Führungskräfte dar.

Menschen nehmen gemäß der sozialen Identitätstheorie Rollen nach einer Kosten-Nutzen-Abwägung an. Dabei sind Faktoren wie Rollenkompetenz, Identifizierbarkeit mit der Rolle, Kompatibilität mit intrapersonalen Faktoren, geringe Erwartbarkeit von Interrollenkonflikten und Klarheit über Kosten- und Nutzenaspekte entscheidend dafür, ob es zur Rollenübernahme kommt.

Daher stellt sich die Frage, wie wir die Förderung von positiven Interaktionen stärker in das Rollenskript der modernen Führungskraft integrieren und die Kompetenzen schulen, um dies auch tun zu können. Die Kultur eines Teams, einer Abteilung oder einer ganzen Organisation wird durch das Verhalten der jeweiligen Führungskraft maßgeblich geprägt. Dabei wird ihr Verhalten ständig



M. Schweighart, *High Quality Connections in der Arbeitswelt*, essentials,
https://doi.org/10.1007/978-3-658-43361-1_5

interpretiert und um Symbolhandlungen bilden sich Narrative, die sich mitunter hartnäckig in der Organisation halten und das, was unter der „gelebten Kultur" verstanden wird, beschreiben. Doch zu allererst sind anstelle von Symbolhandlungen zu besonderen Anlässen, wenn etwa das neue Technologiezentrum eingeweiht wird und der Vorstand sich mit einem Kaltgetränk gesellig unter die Belegschaft mischt, die Verhaltensweisen im Alltag maßgeblich, um Kongruenz zwischen Worten und Taten erlebbar zu machen. So können Führungskräfte viel für positive Interaktionen tun und ein Klima begünstigen, in dem sich auch Mitarbeitende anders begegnen. Denn der soziale Rückhalt und die moralische Unterstützung im Angesicht von Herausforderungen sind es, die Mitarbeitende an physischen Arbeitsplätzen und der Möglichkeit zum Dialog mit Kolleginnen besonders schätzen und im Homeoffice so stark vermissen, dass sie freiwillig die Privilegien der Heimarbeit (teilweise) wieder eintauschen. Zu diesem Ergebnis kam eine Studie der Stanford Universität bereits 2015, als sie in einem randomisierten Experiment 250 Freiwillige in Heimarbeit schickte. Als Denkrahmen für die Handlungsoptionen von Führungskräften, die HQC fördern möchten, empfehle ich das PERMA + 4 Modell, dass auf der Forschung von Martin Seligman einerseits und die darauf aufbauenden Arbeiten von Stewart Donaldson andererseits fußt. Die neun Kriterien dieses Modells können wir konkret im Bezug auf die Unterstützung von positiven Interaktionen instrumentalisieren. Die neun Aspekte sind: Positive Emotionen ermöglichen, Engagement und Stärken nutzen, tragfähige Beziehungen aufbauen, Sinn vermitteln, Erfolge sichtbar machen, physische Gesundheit priorisieren, ökonomische Sicherheit gewährleisten, wachstumsorientierte Denkweisen etablieren und physische Arbeitsräume gestalten. Als Führungskraft können Sie beispielsweise:

1. Freude, Heiterkeit, Humor, durch informellen Austausch fördern, indem Sie Zeiten reservieren, in denen den Mitarbeitenden nicht die Agenda „im Nacken sitzt".
2. Mitarbeitenden Zutrauen signalisieren, in dem Sie die Stärken der einzelnen Teammitglieder benennen, wertschätzen und Teamarbeit stärkenorientiert organisieren, sodass diese erfolgreich kooperieren können.
3. In Beziehungen investieren mit kleinen Gesten der Nettigkeit: Von Dankeskarten über Schulterklopfer, drei Pizzen für das Team in der Mittagspause bis hin zu der Mitfahrgelegenheit nach dem Offsite, oder dem offenen Ohr bei privaten Herausforderungen.
4. Das geteilte Ziel der Gruppe wiederholt kommunizieren, sodass sich alle bewusst dahinter versammeln können und die Teamidentität gestärkt wird.

5. Projektabschlüsse oder Meilensteine mit kleinen Feiern würdigen, bei denen informeller Austausch in lockerer Atmosphäre möglich wird.
6. Mitarbeitergespräche und Termine von Mitarbeitenden untereinander können auch im Spazierengehen abgehalten werden, sodass Vitalität gefördert wird.
7. Wirtschaftliche Erfolge kommunizieren und faire Bezahlung gewährleisten, sodass das Thema Geld vom Tisch ist.
8. Optimismus vorleben und vor allem darauf achten, dass das Team lernt, sich Erfolge selbst zuzuschreiben (internale Attribution), während bei Misserfolgen auch Umwelteinflüsse berücksichtigt werden (externale Attribution).
9. Im Shared-Office-Konzept Ihr Büro zugunsten eines Gemeinschaftsraumes zur Verfügung stellen, damit wortwörtlich Raum für Begegnung entsteht.

Mit Sicherheit finden Sie noch weitere Möglichkeiten, die Sie in der Mitarbeiterführung und in der Gestaltung von Rahmenbedingungen berücksichtigen können. Die Hebel Respekt, Vertrauen, Spiel und Hilfeleistung, die ich Ihnen bereits vorgestellt habe, können Sie auch durch ganz alltägliche Verhaltensweisen unterstützen, in dem Sie Termine mit Mitarbeitenden pünktlich starten lassen, sich selbst öffnen und etwas aus Ihrem Privatleben oder von den Wochenenderlebnissen mit der Familie teilen, sich an spielerischen Aktivitäten beteiligen und in jedem Jour Fixe mit der Haltung zuhören, dem anderen mindestens einen relevanten Tipp zum Fortkommen an die Hand geben zu wollen. Was sind Ihre Top-Ideen in diesen vier Bereichen, die Sie leicht in Ihr Führungshandeln übernehmen können? Übertragen Sie diese einfach in Abb. 5.1 in das Schema der Top 4 × 3 Führungsverhaltensweisen für positive Interaktionen.

Vor allem anderen zählt es natürlich, dass Sie sich als Führungskraft um gute Beziehungen zu Ihren Mitarbeiterinnen und Mitarbeitern kümmern. Eine schlechte Beziehung zur eigenen Führungskraft kann sich negativ auf alle anderen Aspekte des Arbeitslebens auswirken, so schreiben es auch Jan-Emmanuel De Neve und Rychard Layard in Ihrem Buch „Wellbeing".

| Respekt | Vertrauen | Spielen | Hilfeleistung |
|---|---|---|---|
| | | | |
| | | | |
| | | | |

**Abb. 5.1** Top 4 × 3 Führungsverhaltensweisen für positive Interaktionen

### 5.1.1 Rituale

Ich habe früher in einem Unternehmen gearbeitet, in dem man morgens durch das Büro ging und alle mit Handschlag begrüßte. Zum Geburtstag wurde der Tisch geschmückt und zu bestimmten Projektmeilensteinen verbrachte man abends noch etwas Zeit miteinander im Büro oder im Restaurant. Heute beobachte ich, dass in manchen Unternehmen und Teams, zum Beispiel wenn alle im Homeoffice sind, auf die Rundmaileinladung etwas in den Umschlag für den Geburtstag der Kollegin zu stecken, kaum noch Resonanz folgt. Was können wir daraus ziehen, wenn es kein „Früher war alles Besser"-Plädoyer und kein Heimarbeit-Bashing werden soll? Das Rituale wertvoll und pflegebedürftig sind. Außerdem spenden sie das Gefühl von Zugehörigkeit: Wer das Ritual kennt und dabei ist, gehört dazu, die übrigen nicht. So werden Rituale auch zu Artefakten der Teamkultur, so wie der Dosenöffner in der Anwaltsserie Suits, den Donna und der Anwalt Harvey bemühen, wenn er einen Mandaten vor Gericht verteidigt. In der Serie – wie im echten Leben – gerät (zumindest nach meiner Erinnerung) der Hintergrund des Rituals irgendwann in Vergessenheit, aber die positive Wirkung bleibt. Rituale können uns als Ansatzpunkt für die vier Hebel Vertrauen, Spiel, Respekt und Hilfeleistung dienen. Die gemeinsame Wettgruppe bei großen Sportereignissen, die immer vom gleichen Kollegen organisiert wird, der Blumenstrauß im Onboarding neuer Mitarbeiter, das Daily, in dem jeder Unterstützung bei Herausforderungen im Projekt einfordern kann, sind nur einige Beispiele. Wie im Abschnitt über Vertrauen beschrieben, wirkt es positiv auf das Vertrauen, wenn wir Rituale erwartungsgemäß befolgen. Und es spricht auch nichts dagegen, gemeinsam neue Rituale zu etablieren, die positive Interaktionen begünstigen. Sammeln Sie einfach mit den Kolleginnen und Kollegen: Welche Rituale leben wir, welche gab es, die wir leicht wieder reaktivieren können und wollen und welche neuen Gewohnheiten sollen in unserem Team dazu kommen, damit mehr Verbundenheit entsteht ohne dass das Ritual zur Last wird?

### 5.1.2 Kultur

Die Kultur eines Unternehmens lässt sich gut anhand von Kulturphänomenen auf drei Ebenen beschreiben, wie es Edgar Schein in seinem Modell etabliert hat. Ebene 1 ist die Ebene der Artefakte, Rituale und sichtbaren Verhaltensweisen. Ebene 2 dreht sich um kollektive Werte und Ebene 3 steht für die Grundannahmen des Systems und seine Beziehung zur Umwelt. Augenscheinlich können die propagierten und gelebten Werte entweder den Boden bereiten für hochqualitative Verbindungen oder nicht. Ich war einmal für ein mittelständisches IT-Unternehmen tätig, bei dem mir etwas auffiel: Der Vorstandsvorsitzende war ein Mensch, der auf andere zuging, schnell ihr Vertrauen gewann und dem Loyalität wichtig war. Relativ früh während unserer Zusammenarbeit führte ich einen Werteworkshop mit der fünfköpfigen Geschäftsleitung durch, an dessen Ende fünf für das Handeln der Führungskräfte maßgebliche Werte ausgewählt wurden. Keiner der gefunden Werte bezog sich auf Zwischenmenschliches, stattdessen kam die Sprache eher auf Leistung und Verantwortung. Auch diese Werte können natürlich auf eine Weise gelebt werden, dass Vertrauen und Verbundenheit wachsen, aber mein ungutes Gefühl manifestierte sich in den Folgemonaten aufgrund der gelebten Führungskultur des Managementkreises und es strahlte auf die Belegschaft ab, wie sich in einem Beispiel zeigte, das ich Ihnen im folgenden Unterkapitel beschreiben möchte. Wenn Sie stattdessen die Kulturebenen vor dem Hintergrund der vier Hebel für HQC Vertrauen, Spielen, Respekt und Hilfeleistung gestalten wollen, dann sind folgende Fragen möglicherweise hilfreich:

1. Welche Symbolhandlungen pflegen Sie, die Respekt vermitteln? Beispielsweise etablierte einer meiner Coachees in seiner Rolle als Geschäftsführer Jubiläumsehrungen für Firmenzugehörigkeit
2. Wie werden die kommunizierten Werte im Diskurs lebendig gehalten? Amazon hat beispielsweise in seinen Mitarbeitergesprächen etabliert, dass Mitarbeitende sich drei Unternehmenswerte auswählen und einschätzen, wie sie zu diesen beitragen werden oder beigetragen haben, bevor sie Feedback bekommen.
3. Wie eng sind Ihre Beziehungen zu Lieferanten, Partnern, Wettbewerbern und Kunden? Bei einer Handwerksgruppe, die ich betreue, wird von Seiten der Geschäftsleitung sehr viel Wert auf persönliche Gespräche in tollem Rahmen gelegt, um einander besser kennenzulernen. Dabei kommt auch schonmal der teure Wein auf den Tisch, den der Chef noch im Keller hatte, der aber jetzt gerade besonders gut passt.

Für die Unternehmenskultur stellen die Phänomene von räumlich verteilt arbeitenden Teams und digitaler Kommunikation eine Herausforderung dar, insbesondere, wenn es um die Aufrechterhaltung und Förderung von positiver informeller Kommunikation und wertvollen Beziehungen geht. Doch es gibt Wege, diese HQC zu fördern, auch wenn alle im Homeoffice sind. Eine gute Daumenregel ist es meines Erachtens, all die Dinge, die sie sich im physischen Raum wünschen, wie lockere Austauschrunden vor dem Meeting und in der Kaffeeküche auch im digitalen Raum zu realisieren, sprich Gesprächsräume und -anlässe für informellen Austausch zu organisieren. Zusätzlich hat eine Studie der Stanford-Universität aus 2015 ergeben, dass Mitarbeitende, die zu Versuchszwecken komplett remote arbeiteten, den Kontakt zu den Kolleginnen und ihre soziale Unterstützung bei der Bewältigung von Alltagsproblemen vermisst haben. Tage, an denen alle im Büro sind, sollten also auch Raum für Austausch und Begegnung bieten. In unserem Buch „Mitarbeitergespräche positiv führen" von Christian Thiele und mir, haben wir unter anderem ein Interview mit Sven Hantel, ehemaliger Konzernvorstand bei der DB Station und Service geführt, der berichtete, dass er sich (Video-) Telefontermine mit seinen direkt an ihn berichtenden Mitarbeitenden organisiert hat, deren einziger Zweck der lockere Austausch war. So blieb man auch über Distanz verbunden und über das Leben der anderen informiert.

### 5.1.3 Incentives

In der Literatur zu HQC wird dieser Aspekt auch als Lob bezeichnet. Damit ist aber nicht nur das verbale Lob durch die direkte Vorgesetzte gemeint, sondern eben das institutionalisierte Lob innerhalb einer Organisation. In der psychologischen Managementliteratur finden Sie eine zurecht ambivalente Diskussion zu der Wirkung von Belohnungen, angefangen bei dem sogenannten Verdrängungseffekt: Dieser beschreibt, dass eine ursprünglich aus innerem Antrieb heraus ausgeführte Tätigkeit, die später mit einer Belohnung für bessere Leistungen versehen wird, ganz ausbleibt, wenn nach einiger Zeit die Belohnungen ausgesetzt werden. Die intrinsische Motivation wurde dann verdrängt und die eigentlich geliebte Aufgabe ist zu einem Mittel zum Zweck verkommen. Dazu passt auch das Beispiel, dass ich im Abschnitt über Kultur angekündigt habe: In dem besagten Unternehmen kam der Vorstand eines Tages entrüstet in unsere Besprechung und beschrieb mir, wie enttäuscht er von seinem besten Vertriebsmitarbeiter sei. Ein anderer Vertriebler hatte im Meeting um Unterstützung bei der Akquisition eines großen Projekts gebeten, doch besagter Mitarbeiter hatte einfach abgelehnt. Seine Begründung: Seine variable Vergütung, die ihm ein gutes sechsstelliges Gehalt bescheren konnte, wurde lediglich an seiner persönlichen Umsatzzielerreichung bemessen. Ich gab dem Vorstand zu verstehen, dass ich auf einer Metaebene seinen Wunsch nach gegenseitiger Hilfeleistung sowie die entstandene Enttäuschung zwar verstehen würde, das Verhalten des Mitarbeiters aber nachvollziehbar war, weil er nach den Regeln des Spiels agierte. Danach änderten wir die Spielregeln für die Folgejahre und führten eine Abhängigkeit von der Teamzielerreichung ein. Und genau darum dreht sich aus meiner Sicht dieser Ansatzpunkt zur Förderung positiver Interaktionen. Wer wird bei Ihnen Mitarbeiterin des Monats? Die Vertriebsgranate oder die gute Seele aus der Vertriebsunterstützung, die hinter den „Chaoten" aufräumt?

### 5.1.4 Rollen

Welche Rollen in der Organisation, abgesehen von den Führungsrollen, können Sie nutzen, um HQC zu fördern. Natürlich können Sie das Thema bei einem Chief Happiness Officer ansiedeln. Dieser hat in der Regel die Aufgaben das Wohlbefinden der Mitarbeitenden strategisch weiterzuentwickeln. Auch sogenannte Feel-Good-Manager hören empathisch und respektvoll zu, um aus den Bedürfnissen der Mitarbeitenden Maßnahmen abzuleiten, die zu einem positiveren Miteinander führen. Sie können aber auch ohne Eingriffe in das Organigramm bestehende Rollen identifizieren, die bereits einen Beitrag leisten: Die gute Seele des Teams, den Hausmeister mit dem offenen Ohr, oder den Küchenprofi, der mit selbstgemachtem Eierlikör die Stimmung aufhellt. Darüber hinaus können Sie Rollenbilder verändern oder neu anlegen und andererseits Energieträger einflussreicher machen. Rollen, die bereits existieren, können sich so modifiizieren lassen, dass Sie Vertrauen, Spielen, Respekt und Hilfeleistung fördern:

1. Meetingmoderatoren können mit Check-In Fragen dafür Sorgen, dass Mitarbeitende Neues voneinander erfahren und Vertrauen zueinander fassen.
2. Spielerische Elemente in Teambesprechungen zu integrieren, kann auch von den Organisatoren (und das muss nicht die Führungskraft sein) mit bedacht werden. Auch im Alltag lassen sich kleine Wettkämpfe austragen, die Spaß bringen und die Leistung steigern.
3. Meetingmoderatoren können durch das Wahren der Teamspielregeln für respektvolleren Umgang sorgen. Wenn es zu Regelverletzungen kam, sollte das in Teams thematisiert werden. Gibt es eine Vereinbarung dazu, wie jeder im Team darauf zu sprechen kommen kann, wenn er oder sie das Bedürfnis hat?
4. Sie könnten ein Projektteam einsetzen, das einen großen Reziprozitätsring organisiert. Darüber habe ich mehr im Abschnitt über Geben und Nehmen beschrieben.

Ein weiterer Aspekt der Rollengestaltung zugunsten von HQC ist der Umgang mit Energieträgern und Energiestaubsaugern. Erstere spenden in Interaktionen regelmäßig Energie, sodass Sie vitaler aus dem Gespräch herauskommen. Letztere bewirken das Gegenteil. Identifizieren Sie Energieträger und machen Sie diese einflussreicher, geben Sie Ihnen Projektaufgaben, Unterstützungsaufgaben für andere oder kreieren Sie eine der oben vorgeschlagenen Rollen. Hochleistungsteams haben, so die Forschung von Kim Cameron, dreimal so viele Energiespender wie die übrigen Teams. Sie können übrigens auch bei sich selbst anfangen: Denken Sie an die Energiespender in Ihrem Umfeld und überlegen Sie: Wie machen die das und welche der Verhaltensweisen passen so gut, dass Sie diese gern in ihr eigenes Repertoire übernehmen mögen?

# 6 Werkzeuge: Inspirationen für die Praxis

In diesem Abschnitt habe ich für Sie Praxisbeispiele zusammengetragen, die meines Erachtens die gelungene Förderung von positiven Interaktionen dokumentieren. Vielleicht finden Sie Anregungen, die Sie in ihrem Umfeld etablieren möchten und die sich gut in den Alltag der Führungskraft, des Teams oder der Organisation integrieren lassen. Viel Freude beim Ausprobieren!

## 6.1 Positive Leadership Spiel

Dieses von mir entwickelte Positive Leadership Spiel bietet Ihnen auf einfache Art anwendbare Anregungen und Strategien, die aus der positiv-psychologischen Forschung abgeleitet sind und auf die Beziehungsqualität am Arbeitsplatz einzahlen. Ich schildere Ihnen hier den Kern der Herangehensweise, so dass Sie das Spiel für Ihre Zwecke adaptieren können.

Die Kernidee greift das Format der kollegialen Fallberatung auf. In einem klassischen Setting schildert ein Fallgeber eine Ausgangssituation und die beratenden Kollegen liefern Lösungsideen, Tipps und Erfahrungen. Damit diese Vorgehensweise unserem Thema der HQC dienen kann, nutze ich eine zentrale Frage zur Fallgenerierung: „Welche Arbeitsbeziehung (zu einem Kollegen, einer Vorgesetzen, einer Mitarbeiterin) möchten Sie verbessern?"

Da für die Beantwortung der Frage kein aktueller Krisenfall vorliegen muss, lässt sich erfahrungsgemäß schnell ein Beispiel finden. Wenn Sie unter Kollegen oder anfangs vielleicht nur mit einer vertrauten Person diskutieren, dann haben Sie mit dieser Frage bereits alle Möglichkeit über die Förderung von HQC zu sprechen. In der Abb. 6.1 finden Sie jedoch weitere Anregungen, die Sie auf die


M. Schweighart, *High Quality Connections in der Arbeitswelt*, essentials,
https://doi.org/10.1007/978-3-658-43361-1_6

Machbarkeit in der jeweils ausgewählten Situation hin prüfen können. So können Sie beispielsweise abwägen, ob kleine Gesten der Nettigkeit wie ein mitgebrachter Kaffee oder eine Einladung zum Lunch bereits das Potenzial bergen, positiver Interaktionen mit der betroffenen Person zu erzeugen.

| |
|---|
| 1. Dankbarkeit – Drücken Sie Dankbarkeit aus |
| 2. Zielklarheit – Eigene Ziele klar kommunizieren |
| 3. Übergeordnete Ziele – Betrachten Sie das große Ganze |
| 4. Lernziele – Formulieren Sie ein Lernziel für die Situation |
| 5. Mikroziele – Was wäre eine Verbesserung um wenige Prozentpunkte? |
| 6. Erfolge – Können gemeinsame Erfolge der Vergangenheit hier helfen? |
| 7. Beziehungen – Planen Sie kleine Gesten, die die nächsten Interaktionen positiver werden lassen! |
| 8. Sinn – Welche Bedeutung geben die Beteiligten der Situation; welche Motive liegen zugrunde? |
| 9. Sinn und das große Ganze – Stellen Sie den Beteiligten 3-5x die Frage „wofür tust du das?“ (immer im Bezug auf die letzte Antwort) |
| 10. Über- und Unterforderung – Wie gut passen für die Beteiligten vorhandene persönliche Fähigkeiten und situative Anforderungen zueinander? Wie kann man das Verhältnis günstig beeinflussen? |
| 11. Stärkenfokus – Arbeitet einer von beiden oder arbeiten beide im Bereich ihrer Stärken? Welchen Unterschied macht das? |
| 12. Übertriebene Stärken – Welche typischen Stärken zeichnen Sie und die andere Person aus? Welche sind in ihrer Begegnung vielleicht in übertriebener Weise von Verwendung? |
| 13. Kompetenzerleben – Kann dem menschlichen Bedürfnis, sich selbst als kompetent zu erleben, hier noch besser Rechnung getragen werden? |
| 14. Selbstbestimmung – Kann das menschliche Bedürfnis, sich selbst als selbstbestimmt und einflussreich zu erleben, noch besser befriedigt werden? |
| 15. Soziale Verbundenheit – kann das menschliche Bedürfnis, sich selbst als Teil einer Gruppe zu erleben, noch besser befriedigt werden? |
| 16. Bedeutung – Kann dem menschlichen Bedürfnis, eine Aufgabe als wertvoll zu erleben, hier noch besser Rechnung getragen werden? |
| 17. Positive Emotionen – Wie können mehr positive Emotionen geweckt werden und nützlich sein? |
| 18. Negative Emotionen – Welche negativen Emotionen dominieren die Situation? Wie können Sie den Fokus verschieben? |
| 19. Lob – Wofür können Sie den anderen loben? |
| 20. Humor – Wenn wir diese Situation mit Humor betrachten, was verändert sich? |

**Abb. 6.1** Strategien Positive Leadership Spiel

## 6.2 Mal Zeit nehmen für eine Mahlzeit

Ein schönes Experiment, das eine Kollegin vor kurzem in ihrem Heimatort pilotiert hat, dreht sich um ein Abendessen im Blinddate-Format mit einer Gruppe diverser Teilnehmerinnen. In jeweils zwanzig Minuten haben die Personen, begleitet von jeweils einem Gang eines Menüs, die Gelegenheit für positive Interaktionen. Die im Internet schnell auffindbaren Arthur Aron Fragen in ausgewählter Zusammensetzung dienen dabei als Impulsgeber für angeregte Gespräche. Beispielfragen lauten wie folgt: „Wenn Du jeden auf der Welt wählen könntest, mit wem würdest du gern einmal zu Abendessen?“; „Wärst Du gern berühmt?“ oder „Was macht aus deiner Sicht einen perfekten Tag aus?“.

Vielleicht nehmen Sie sich im Kollegenkreis mal Zeit für eine solche besondere Mahlzeit oder integrieren das Format in den nächsten Betriebsausflug oder die Weihnachtsfeier?

## 6.3 Die HQC-Scorecard

Die Autoren Baker and Dutton haben eine HQC Scorecard vorgeschlagen, die ich Ihnen hier gern vorstelle. In Abb. 6.2 finden Sie die Scorecard als Vorlage. So können Sie die Komeptenz zu Unterstützung von HQC in der Organisation messen und überprüfen, wie zentral es für die Kultur und Strategie in Ihrem Unternehmen angesehen wird. Vergeben Sie einfach Punkte auf einer Skala von 1 = niedirig bis 10 = hoch. Meines Erachtens ist dies ein guter Startpunkt für Diskussionen mit Kolleginnen.

| | Erfüllungsgrad in der Organisation | Wahrgenommene Bedeutsamkeit für strategischen Erfolg |
|---|---|---|
| Auswahlverfahren bewerten beziehungsbildende Kompetenzen | | |
| (in-)formelle Veranstaltungen fördern nachhaltige vielfältige Möglichkeiten für HQC | | |
| Incentives basieren auf Gruppenergebnissen | | |
| Es wird systematisch belohnt, wer andere befähigt | | |
| Regelmäßige Anerkennung und Lob (formal und informell) für Beiträge zum Erfolg | | |
| Hilfeleistung wird formal organisiert durch die Organisation und als informeller Wert gefördert | | |
| Es herrschen geteilte Werte, wie<br>- Teamwork<br>- Respekt<br>- Befähigung und Entwicklung<br>- Menschen werden als ganze Person wahrgenommen | | |

**Abb. 6.2** HQC-Scorecard

# 7 Fazit

Sie haben in diesem essential das Was, das Wie und Wozu von High Quality Connections kennengelernt. Wozu der Aufwand positive Beziehungen und Kommunikation so explizit zu thematisieren? Ein Fazit und Ausblick:

## 7.1 Werden Sie zum Brückenbauer

Als die ersten Mitgliedstaaten der EU über die Einführung einer gemeinsamen Währung berieten, musste eine Entscheidung getroffen werden, welche Motive auf den neuen Banknoten die nationalen Banknoten mit ihren Motiven ablösen sollten. Sie entschieden sich für Brücken als Symbol der Verständigung unter den Menschen. Wo früher Gaus, der Vater der Normalverteilungskurve auf dem 10-Mark-Schein zu sehen war, ist heute eine Brücke zu sehen. Was die EU mit Arbeitsbeziehungen zu tun hat? Wir Menschen sind ein bisschen wie stolze Nationen, die sich bei der Arbeit in eine Zweckgemeinschaft begeben – und uns dann doch mehr erhoffen als Zweckgemeinschaften. Hier diskutiere ich immer wieder gern mit den Soziologen, die der Lehre von Niklas Luhmann folgen und sagen: Menschen sind für die Organisation nur eine Randbedingung, sie erfüllen eine Funktion und sollten nur in ihrer Rolle betrachtet werden. Da ist einiges an Wahrem dran (zumindest aus Perspektive der Organisationen, nicht immer aus Sicht der Menschen) und dann bietet es Stoff für ein weiteres Buch und Diskussionen, aber – und das ist mein Punkt: Wir erhoffen uns mehr als Kooperation von Rolleninhabern, so wie die EU-Mitgliedsstaaten. Manche hoffen mehr darauf, manche weniger, nicht nur von Fördertöpfen und der Aufhebung von Reisebeschränkungen, wie wir sie im Schengen-Raum genießen, zu profitieren. Stattdessen streben



M. Schweighart, *High Quality Connections in der Arbeitswelt*, essentials,
https://doi.org/10.1007/978-3-658-43361-1_7

wir nach stärkerer Verbundenheit, Frieden, gemeinsamen Innovationen, Begegnungen und Verständnis. Die Brücken auf den Banknoten sollen Gegensätze überwinden und Kulturen zusammenwachsen lassen. Dabei wurde bei den Banknoten bewusst auf typische nationale Motive verzichtet, um Eifersucht Einhalt zu gebieten. Die Bauart der Brücken auf den diversen Banknoten, genauso wie die Fenster und Tore auf der anderen Seite, entstammen verschiedenen Epochen und ihren Baustilen. Wir alle bringen Erfahrungen aus bisherigen Lebensphasen, Begegnungen, Projekten, Beziehungen, Arbeitsverhältnissen mit, die uns prägen und die unterschiedlichen Anteile in unserer Persönlichkeit ausmachen, so wie eine stolze Nation aus unterschiedlichen Landschaften besteht; der rauhen Küste, dem sanftmütigen und etwas verträumten Hinterland, dem Technologiepark in der Vorstadt und den lebensfrohen Stadtvierteln in den Metropolen. Bringen Sie all dies mit in Ihre Begegnungen mit anderen und bauen Sie Brücken auf Ihre Art und Weise, mit Ihrem ganz persönlichen Baustil, der nicht alle Rezepte, die ich Ihnen hier anbiete, beinhalten mag, aber ein ehrliches Angebot für wahrhaftige, positive Interaktion ist. Dadurch kann etwas Neues erwachsen. Drängen Sie anderen Ihre Bauart für Beziehungen nicht auf, sondern seien Sie offen – dafür stehen die Fenster auf den Banknoten – und werden Sie so zu Brückenbauern.

## 7.2 Abschluss

Beim Schreiben dieses Buches oder der Vermittlung des Themas in Trainings und Vorträgen, bewege ich mich manchmal in inneren Spannungsverhältnissen: banal oder genial? Utopisch oder alltäglich? Ich würde für jede dieser Wertespannungen mit einem entschiedenen „Beides!“ antworten. Respektvoll miteinander zu reden und einander zu unterstützen ist für viele selbstverständlich und gelebte Praxis, wodurch auch immer wieder solche positiven Interaktionen entstehen. Drei Beobachtungen der aktuellen Realität in Organisationen beschäftigen mich besonders, die die Bedeutsamkeit einer systematischen Annäherung an dieses Thema für mich relevant erscheinen lassen:

1. Ich beobachte, dass (informelle) Interaktionen zwar herbeigesehnt werden, im verdichteten und digitalen (Homeoffice-)Alltag aber seltener werden
2. Menschen in Organisationen zunehmend selbstorganisierter arbeiten und ihnen eine Befähigung zum Thema der HQC nutzen kann, bewusst positive Interaktionen herzustellen. So wie Führungskräfte Menschen lieben sollten und Werkzeuge benötigen, um mit ihnen arbeiten zu können.

3. Die Diskussion über die Natur von Organisationen, wie sie etwa zwischen Soziologen, Systemikern und Psychologen geführt wird.

Der erste Aspekt spricht meines Erachtens dafür, dass wir Wege identifizieren, wie soziale Beziehungen gestärkt werden können. Gesellschaftliche Megatrends wie Einsamkeit sprechen dafür, dass wir in der digitalen Welt noch lernen müssen, Lösungen für Menschen zu finden und diese zu kommunizieren, damit die essentielle Zutat für menschliches Wohlbefinden, nämlich ein lebendiges soziales Netz, gestärkt wird.

Dazu und hier kommt der zweite Gedanke ins Spiel, bedarf es der Befähigung von vielen Menschen darin hochqualitative Verbindungen herzustellen sowie die Initiative von informierten Entscheidern in Organisationen, die den Rahmen und die Kultur erschaffen und prägen, in denen menschliche Begegnung stattfinden kann. Dies führt mich zum dritten Gedanken, da einige Experten argumentieren würden, dass Organisationen nicht dem Zweck des sozialen Miteinanders verpflichtet sind, sondern lediglich das Ziel verfolgen, den eigenen wirtschaftlichen Fortbestand zu sichern. Mir ist diese Debatte zu eindimensional, denn, so wie ich die beeindruckende Persönlichkeit Mamphela Ramphele (südafrikanische Ärztin, Direktorin des Club of Rome) auf einer Podiumsdiskussion beim Weltkongress für Positive Psychologie 2023 hören sagte: „Es sind die Menschen, die diese Organisationen schaffen." Es liegt also in unserer Hand die Organisationen von Morgen so zu gestalten, dass Mitmenschlichkeit, Verbundenheit und Wohlbefinden im Zentrum stehen. Vielleicht müssen wir Organisationen dafür neu denken, aber es beginnt damit, dass Sie und ich uns täglich für positive Beziehungen und Interaktionen bei der Arbeit engagieren. Damit legen wir den Grundstein dafür, dass Arbeit lebenswerter werden kann.

## 7.3 Text von Paulina Behrendt: Tauchen

Abschließend freue ich mich Ihnen einen Text vorstellen zu dürfen, der den Zugang zu positiver Kommunikation von künstlerischer Seite beschreibt. Die Poetry Slammerin Paulina Behrendt aus Hamburg hat ihn verfasst und mich damit begeistert und berührt. Wenn Sie im Internet suchen, finden Sie auch einen Videobeitrag davon, wie Paulina ihn vorträgt. Sie werden in diesem Text ihre ganz eigenen Assoziationen zu Verbundenheit und Kommunikation finden, daher von mir nur so viel: Die Beschreibung von HQC durch Resonanz, Relevanz und Rhythmus, die Interaktion als bereichernde Erfahrung für beide, spiegelt sich für mich auf wunderbare Weise in diesem Text. Danke, Paulina! Hier der Text:

Tauchen.

Du, ja du bist ein Gewässer.
Und ich stehe hier,
mit nackten Füßen im feuchten Unterholz,
am Ufer deiner tiefen Wasser,
kremple mir die Ärmel hoch,
gehe langsam in die Knie,
stütze die Arme über den Kopf.
und denke:
»Einfach fallen lassen, einfach fallen lassen.«
Lasse fallen,
falle einfach,
mit Kopfsprung in dich rein.
Platsch.
Tauchen wird zum Synonym für Kommunikation.
Kommunikation wird zur Option.
einer menschlichen Emulsion,
einer verbalen, physischen Fusion,
einer genuinen Fiktion zwischen zwei Menschen.

Immer tiefer, immer weiter.
miteinander tauchen,
nur um deine Grenzen zu verorten,
um deine Paradigmen zu benennen,
deinen Räsonnement-Rhythmus zu erkennen,
sich in deiner Tiefe zu verrennen,
zu vertauchen,
um all dein Ich zu definieren.
Um all deine Expressionen zu registrieren,
um sie tauchend zu sortieren,
nur um zu schauen, ob sie am Ende.
mit meinen harmonisieren.

Und so frag ich dich:
Wie tief sind deine Wasser?
Und wie schnell bist du unten?
Wann tauchst du wieder auf.
und wann geht dir die Lust und Luft da unten aus?

68 cm Tiefe.

»Was sind deine Lieblingsfarben?«
»Was meine Lieblingsfarben sind?«
»Ja, erzähl mir, wer du warst als Kind!
Was hast du gedacht und was hast du gemocht,
was hast du verhasst und was hat man dir gekocht, wenn es dein Lieblingsessen gab,
und was hast du gemacht am Tag?
Hast du gedacht? Gelacht?
Dir beim Versteckspiel auch mal in die Hosen gemacht? Weil du, verdammt nochmal,
nicht dein oberhammergeiles Versteck aufgeben wolltest? Und hast du mal geweint?«
»Ja, ich glaube, ich habe oft geweint.«

»Warum hast du geweint?
Warst du wütend oder traurig?
Warst du ängstlich oder maulig?
Warst du mutig oder dämlich?
Warst du still oder gesprächig?
Warst du hart oder gebrechlich?
Und wer hat dich getröstet?
Wer war da, um dich zu halten?
War wer da, um dich zu halten?
Und was, was ist deine Lieblingsfarbe?«

10,73 m Tiefe.

»Hast du manchmal Angst?«
»Ja, ganz oft.
Ganz oft Angst davor,
mich in meinen Gedankengängen zu verlieren, mich zu stark zu isolieren.
Angst davor, zu oft Intentionen nur zu simulieren,
mein Innenleben förmlich zu sezieren,
Angst, mit zu viel Kopf und zu wenig Gefühl.
in diesem Leben zu agieren.
Angst vorm Stagnieren.
Angst vorm Fokussieren.
Sogar manchmal Angst vorm Ausprobieren.

Und du? Was ist mit dir? Hast du manchmal Angst?«
»Ich glaube, ich habe Angst vorm Angsthaben. Angst vorm Versagen,

aber auch Angst davor, andere nach Hilfe zu fragen,
Angst, mich mit meinen Schwächen zu vertragen, und vor allem Angst,
diese Schwächen nach draußen zu tragen,
ja manchmal glaube ich,
ich habe Angst vor mir selbst.«

21,34 m Tiefe.

»Was denkst du über Bedeutung?«
»Meinst du, was für mich Bedeutung hat?«
»Nein, nein. Ich meine ganz allgemein?
Gibt es Bedeutung überhaupt?
Und wie sieht Bedeutung für dich aus?
Willst du bedeutend sein?
Und glaubst du an Nihilismus?
Wenn Pierre Anthon dich mit Pflaumen bewerfen und schreien würde:
›Nichts hat Bedeutung!‹
Und du dann mit Elise, Agnes und den ganzen anderen den Berg der Bedeutung anschaffen müsstest,
was würde man dir nehmen?
Welches Opfer würdest du bringen?
Was bedeutet Bedeutung für dich?«
»Puh. Vielleicht meine Kette.
Diese hier. Da steht was hinter,
die hat Bedeutung.
Obwohl, nein. Es ist mehr.
Es sind haltende Hände.
Und summende Stimmen.
Offene Ohren.
Ein hitziges Herz.

Weiche Worte.
Eine Spannung.
Eine Sprache.
Etwas Schemenhaftes. Eine Stimmung.
Eine Stille.
Das bedeutet mir etwas,
bedeutet Bedeutung.
Ja es gibt Bedeutung. Nicht als Objekt der Objektivität,
aber als Subjekt der Subjektivität,

als eine Affinität für etwas, für jemanden.
Bedeutung ist Subjekt. Nicht Objekt.
Das denke ich über Bedeutung.«

Und mit jedem weiteren Meter.
mit jedem weiteren Wort.
wird diese Tiefe zu einem Ort, wo Intimitäten.
sich schlängelnd umeinander winden,
beginnen, sich zu festen Netzen zu verbinden.
und vertrauensvoll zueinanderzufinden.
Und vielleicht – vielleicht geht es darum im Leben.
Um die Tiefe beim Reden. Um die Tiefe im Leben. Und jemanden zu finden,
der die gleiche Tiefe teilt.
Der die gleiche Zeitspanne in dieser Tiefe verweilt und zur gleichen Zeit zurück an die Oberfläche zu den Oberflächlichkeiten eilt,
um neuen Sauerstoff zu tanken.

Schnorcheln, ja Schnorcheln.
ist schließlich auch mal ganz schön.
Mit jemandem über banale Dinge zu klönen,
ein bisschen auf der Luftmatratze des Smalltalks zu chillen,
um dem Leben mal wieder die ganze Dramaturgie und das Pathetische zu nehmen.
»Wie läuft das Studium?«
»Ja, alles super, wie geht's deinen Eltern?« »Alles klar, war nett, dich getroffen zu haben.« Tut ja schließlich auch mal ganz gut.

Ich glaube, es geht darum, einen Menschen zu finden, der im gleichen Rhythmus zur gleichen Tiefe taucht, der die gleiche Menge an Zeit und Sauerstoff.
zum Ab- und Auftauchen braucht,
und einen Menschen, der die Impressionen dieser Tiefe genauso aufsaugt,
wie man sie abgibt.

Tauchen steht hier als Synonym für Kommunikation. Kommunikation als Option.
einer menschlichen Emulsion.
Einer verbalen, physischen Fusion,
einer genuinen Fiktion zwischen zwei Menschen.

Und so frag ich dich:
Wie tief sind deine Wasser?
Und wie schnell bist du unten?

Wann tauchst du wieder auf.
und wann geht dir die Lust und Luft da unten aus?
Ich frage dich:
Willst du mit mir tauchen gehen?

# Was Sie aus diesem *essential* mitnehmen können

- High-Quality Connections sind bedeutsame kurze Interaktionen bei der Arbeit, die von Resonanz, Relevanz und Rhythmus geprägt sind
- Positive Interaktionen sind ein wichtiger Schlüssel für Zufriedenheit und Teamperformance bei der Arbeit
- Vertrauensaufbau, spielerische Elemente, Hilfeleistung und respektvoller Umgang sind essentiell für gelingende Kommunikation, die gute Zusammenarbeit und Mitarbeiterbindung erst möglich machen
- Die Forschung und Praxis der Positiven Psychologie hält vielfältige Strategien für die Implementierung von High-Quality Connections in Ihren Führungs- und Arbeitsalltag bereit



M. Schweighart, *High Quality Connections in der Arbeitswelt*, essentials,
https://doi.org/10.1007/978-3-658-43361-1

# Literatur

Aronson, E., Wilson, T. D., & Akert, R. M. (2010). *Sozialpsychologie.* Pearson Deutschland GmbH.

Behrend, P. (o.J.) Tauchen.

Berner, W., Hagenhoff, R., Vetter, T., & Führing, M. (2015). *Ermutigende Führung.* Für eine Kultur des Wachstums.

Blatt, R., Camden, C. T., DUTTON, J., & RAGINS, B. (2007). *Exploring positive relationships at work*: Building a theoretical and research foundation.

Blickhan, D. (2015). *Positive Psychologie.* Ein Handbuch für die Praxis. Junfermann-Verlag.

Bloom, N. et al. (2015). Does Working from Home Work? Evidence from a Chinese Experiment, *The Quarterly Journal of Economics*, Volume 130, Issue 1, February 2015, Pages 165–218.

Bungay Stainer, M. (2023). How to work with almost anyone: *Five Questions For Building The Best Possible Relationships.* Macmillan US.

Cameron, K. S., Dutton, J. E., & Quinn, R. E. (2003). An introduction to positive organizational scholarship. *Positive organizational scholarship, 3*(13), 2–21.

Cameron, K. (2013). Practicing Positive Leadership: *Tools and techniques that create extraordinary results.* San Francisco.

Cameron, K. (2021). *Positively energizing leadership.*

Carmeli, A., Brueller, D., & Dutton, J. E. (2009). Learning behaviours in the workplace: The role of high-quality interpersonal relationships and psychological safety. *Systems Research and Behavioral Science: The Official Journal of the International Federation for Systems Research, 26*(1), 81–98.

Carmeli, A., Dutton, J. E., & Hardin, A. E. (2015). Respect as an engine for new ideas: Linking respectful engagement, relational information processing and creativity among employees and teams. *Human Relations, 68*(6), 1021–1047.

Dutton, J., & Ragins, B. R. (Hrsg.). (2007). *Exploring Positive Relationships at Work: Building a Theoretical and Research Foundation.* Lawrence Erlbaum Associates.

Dutton, J. E., & Heaphy, E. D. (2003). *The power of high-quality connections.* In K. S. Cameron, J. E.

Dutton, & R. E. Quinn (Hrsg.), Positive organizational scholarship: Foundations of a new discipline (S. 263–278). Berrett-Koehler. Edmondson, A. C. (2004). Learning from mistakes


M. Schweighart, *High Quality Connections in der Arbeitswelt*, essentials,
https://doi.org/10.1007/978-3-658-43361-1

is easier said than done: Group and organizational influences on the detection and correction of human error. *Journal of Applied Behavioral Science*, 40(1), 66–90. https://doi.org/10.1177/0021886304263849

Dutton, J. E. (2003). Fostering high quality connections through respectful engagement. *Stanford Social Innovation Review*, Winter, 54–57.

Dweck, C. (2015). Carol Dweck revisits the growth mindset. *Education week, 35*(5), 20–24.

Ebner, M. (2019). Positive Leadership: Erfolgreich führen mit PERMA-Lead: *Die fünf Schlüssel zur High Performance.*

Edmondson, A. C. (2018). *The fearless organization: Creating psychological safety in the workplace for learning, innovation, and growth.* Wiley.

Friedman, A., Carmeli, A., & Dutton, J. E. When does respectful engagement with one's supervisor foster help-seeking behaviors and performance? *Journal of Vocational Behavior*, Forthcoming.

Ferris, G. R., Liden, R. C., Munyon, T. P., Summers, J. K., Basik, K. J., & Buckley, M. R. (2009). Relationships at Work: Toward a Multidimensional Conceptualization of Dyadic Work Relationships. *Journal of Management, 35*(6), 1379–1403. https://doi.org/10.1177/0149206309344741

Fredrickson, B. L. (1998). What good are positive emotions? *Review of General Psychology, 2*(3), 300–319. https://doi.org/10.1037/1089-2680.2.3.300

Fredrickson, B. (2011). *Die Macht der guten Gefühle.*

Grant, A. (2013). *Geben und Nehmen: Erfolgreich sein zum Vorteil aller*. Droemer eBook.

Gittell, J. H. (2006). Relational coordination: Coordinating work through relationships of shared goals, shared knowledge and mutual respect. In O. Kyriakidou & M. Ozbilgin (Hrsg.), Relational perspectives in organizational studies (S. 74–94). Edward Elgar. https://doi.org/10.4337/9781781950548.00011

Adapted from "New Directions for Relational Coordination Theory" by Jody Hoffer Gittell Published in "Oxford Handbook of Positive Organizational Scholarship," (Hrsg.). Kim Cameron and Gretchen Spreitzer, Oxford University Press (2011).

Heaphy, E. D., & Dutton, J. E. (2008). Positive social interactions and the human body at work: Linking organizations and physiology. *Academy of management review, 33*(1), 137–162.

Haller, R. (2019). *Das Wunder der Wertschätzung*. Gräfe und Unzer Verlag.

Schein, E. H. (2014). *Humble inquiry*. Gildan Audio.

Tajfel, H., & Turner, J. C. (1979). An integrative theory of intergroup conflict. In W. G. Austin & S. Worchel (Hrsg.), *The social psychology of intergroup relations* (S. 33–47). Brooks/Cole.

Mirivel, J. C. (2014). *The art of positive communication: Theory and practice.*

Möllering, G. (2006). *Trust: Reason, Routine, Reflexivity*. Elsevier.

Bungay-Stanier, M. (2023). *How to work with almost anyone. Five Questions for Building the Best Possible Relationships*. Page Two.

Rock, D. (2008). SCARF: A brain-based model for collaborating with and influencing others. *NeuroLeadership journal, 1*(1), 44–52.

Layard, R., & De Neve, J. E. (2023). *Wellbeing*. Cambridge University Press.

Schweighart, M., & Thiele, C. (2022). *Mitarbeitergespräche positiv führen, Konstruktiv kommunizieren als Führungskraft auch in schwierigen Situationen*. Business Village.

Seligman, M. (2018). PERMA and the building blocks of wellbeing. *The Journal of Positive Psychology, 13*(4), 333–335.

Smith, W. A., King, S., & Lai, Y. L. (2021). Coaching with emotions and creating high quality connections in the workplace. *Positive Psychology Coaching in the Workplace*, 173–198.

Stephens, J. P., Heaphy, E., & Dutton, J. E. (2011). High-quality connections.

Stephens, J. P., Heaphy, E. D., Carmeli, A., Spreitzer, G. M., & Dutton, J. E. (2013). Relationship quality and virtuousness: Emotional carrying capacity as a source of individual and team resilience. *The Journal of Applied Behavioral Science, 49*(1), 13–41.

Sundet, J., & Carlsen, A. (2019). Sweet dreams (are made of this): Cultivating relational agency through high-quality connections in the workplace. *Creating psychologically healthy workplaces, 251.*

Waters, L., Algoe, S. B., Dutton, J., Emmons, R., Fredrickson, B. L., Heaphy, E., & Steger, M. (2022). Positive psychology in a pandemic: Buffering, bolstering, and building mental health. *The Journal of Positive Psychology, 17*(3), 303–323.

Weziak-Bialowolska, D., Lee, M. T., Cowden, R. G., Bialowolski, P., Chen, Y., VanderWeele, T. J., & McNeely, E. (2023). Psychological caring climate at work, mental health, well-being, and work-related outcomes: Evidence from a longitudinal study and health insurance data. *Social Science & Medicine, 323*, 115841.

Printed in the United States
by Baker & Taylor Publisher Services